学生自主建构学习中"问题支架"应用的实践笔记

徐学红　杭　伟　安晓兵　著

中国海洋大学出版社

·青岛·

图书在版编目（CIP）数据

学生自主建构学习中"问题支架"应用的实践笔记／徐学红，杭伟，安晓兵著. —青岛：中国海洋大学出版社，2021.7

ISBN 978-7-5670-1946-1

Ⅰ.①学… Ⅱ.①徐… ②杭… ③安… Ⅲ.①课堂教学—教学研究 Ⅳ.①G424.21

中国版本图书馆CIP数据核字（2021）第147770号

出版发行	中国海洋大学出版社			
社　　址	青岛市香港东路23号	**邮政编码**	266071	
网　　址	http://pub.ouc.edu.cn			
出 版 人	杨立敏			
责任编辑	由元春	**电　　话**	15092283771	
电子信箱	94260876@qq.com			
印　　制	青岛国彩印刷股份有限公司			
版　　次	2021年8月第1版			
印　　次	2021年8月第1次印刷			
成品尺寸	170 mm × 230 mm			
印　　张	6.5			
字　　数	100千			
印　　数	1~1000			
定　　价	28.80元			
订购电话	0532-82032573（传真）			

发现印装质量问题，请致电0532-58700168，由印刷厂负责调换。

序

寻找重塑课堂形态的"撬点"

　　写序对我而言总是一件诚恐诚惶之事，因为实在知道自己的能力与水平有限。但是这次提笔写序的确是因为被一种不舍所驱，因为我们工作室的九位成员共同走过了充实的三年，已建立了深厚的感情；也是被一种感念所使，因为我们相互的帮助与支持，彼此的挂念与祝福，已融入我们生命之中。因此，我已经忘记了自己能力的强弱、水平的高低，只是跟随着内心的情感，行我所行，无问西东。

　　三年前，因为怀揣着共同的梦想，怀揣着共同的追求，我们九位校长相遇了。我们第一次见面是在2017年夏天的一个教育培训会上，夏天的相遇，好像冥冥之中预示着"盛夏果实"的结出是一种必然。

　　基于时代发展的需要，从携手之日起，我们便约定聚焦课堂教学的研究，改变教与学的方式，重塑课堂的形态，让时代的"原住民"能更好地适应未来社会的需要，更好地创造未来。在交流分享中，我们将"问题支架"的搭建作为教与学方式变革的"撬点"。

　　带着这份约定，我们踏上了探索实践的旅程。我们走进了平度市实验小学，探讨了如何营造积极的学习文化氛围；我们走进了青岛市包头路小学，探讨了如何通过"问题支架"引导学生凝练结构化的知识；我们走进了李沧区枣山小学，探讨了项目式学习的开发与应用；我们走进了即墨区蓝村镇第二小学，探讨了"问题支架"在语文教学中的实践与应用……

　　在行走中，我们不断地与省内外专家对话，我们不断地阅读与学习，我们不断地走进课堂观课诊断，不断地分享与碰撞，不断地反思与改进，对"学习"和"理解"、对"深度学习"和"高阶思维"等概念有了新的认识和理解：我们知道了学习是学习者自己的事，谁也不能代替他人的学习，学习必须经过学习者自己的加工。就像吃饭，没有人能代替他人咀嚼，咀嚼是自己的事情；我们知道了学习需要安全的学习环境，学习者只有在无恐惧的氛围中，才敢于提出问题，才敢于真实表达；我们知道了学习不是机械记忆，而是与已知经验的联结，只有结构化的知识、技能与思维才能更好地拓展与迁移，这样思维才能进阶，深度学习才能发生，"有效教学"才能实现。

就这样，在三年亦浅亦深的行走中，我们看到了学校的发展。每所学校、每位校长的发展都成了旅程中最美的风景。时间的叠加，经验的积累，让我们提炼、形成了共同的研究成果，我们结出了"盛夏的果实"。这些成果诠释了我们的辛勤、付出、汗水。

但是我们也深深地明白，变革充满了未知，而这些"果实"也只不过是行走旅程中的一个重要节点，也只不过是我们继续行走的一个新的起点，因为我们懂得探索没有终点，我们始终在路上……

青岛市名校长工作室主持人　徐学红
2021年5月20日

目 录
CONTENTS

　　任何一条抵达远方的路都要从脚下迈步，因为远方就是当下的延伸。同样，在我们牵手学生走向未来的时候，在我们重塑适应未来生活的课堂的时候，我们也必须从当下的课堂出发，诊断分析当下的教学与未来目标的距离，寻找发展的策略，使课堂变得有效和高效，让学生在每一个40分钟里发展自己，让学习真正地发生，让未来照进我们的每一间教室。

审视课堂

——我们离"有效教学"有多远？

一、"有效教学"什么样

"有效教学"，是近几年教育界使用的高频词。很多专家在谈"有效教学"，诸多学校在追求"有效教学"，太多的会议在讲"有效教学"。尽管仁者见仁，智者见智，但是对"有效教学"大家还是有共同的认识，那就是："通过教师在一段时间的教学之后，学生获得的具体进步和发展。""教学有效性的三种意蕴，即有效果、有效率、有效益。"对于什么是"有效教学"，我们想从"2W+H"的回答中，描述"有效教学"的模样。

（一）What——有什么样的教学目标?

"有效"是相对目标的完成来说的。"有效教学"必须要有准确的教学目标。今天，我们翻开教师的备课，应该说所有呈现的教案都有教学目标。但是如果仔细地斟酌，我们就会发现教师制订的教学目标存在着不少的问题。

1. 教学目标成为摆设

部分教师在着手备课的时候，他们首先思考和关注的不是教学目标，而是这节课的环节。有的教师在备课时干脆直接照搬教参上的教学目标。因为在这些教师看来，教学目标就是备课过程中必须要完成的"填空题"，没有认识到制订教学目标的重要性。

2. 不会编制教学目标

"使学生学会……""培养学生的观察力""学生学会生字"等，这些都是教师教案中经常出现的教学目标，但教师对教学目标的四要素——行为主体、行为动词、行为条件、表现程度根本就不了解。因而不难想象出，在这样的教学目标引导下的课，会有多少有效性。同时教师对于课程标准的分解也缺少策略。

3. 对教学目标的理解缺失

课时教学目标的上位概念是学科、学段教学目标，学段教学目标的上位概念是学科教学目标（课程标准）。那么在制订课时教学目标时，老师必须要考虑目标的上位概念，要知道"这一课"的教学目标在本册教材中承担什么样的任务，在整个学段中占有怎样的位置，要前挂后连，才能使目标不失连续性。

制订正确的教学目标涉及的因素是比较多的，但是笔者认为至少要考虑这样一些因素：要了解学情，要把握学科的特点和学科课程标准，要知道课程目标的上下位概念，要知道怎样描述教学目标，要掌握分解课程标准的策略，要了解学生的认知规律，要了解学科的本体性知识，要学习布卢姆的目标教学理论等。实践证明，这些都是我们正确制订教学目标的依据。

（二）Whether——是否完成了教学目标？

教学是否有效，很大程度上依赖于教学目标的达成度。但是在目前的很多课堂中，教师关注的是"我的教案完成了没有？""我要讲的内容讲完了没有？""进度怎么样？"对目标的达成度（即学生学得怎样）不闻不问，缺少对目标的检测。"有效教学"应该让目标的检测贯穿全程。提及检测，很多教师马上就想到考卷，其实考卷只是检测形式的一种，学生复述、举例、演示、板演都可以成为检测目标达成的方式。要知道，没有对目标达成度的检测，"有效教学"就无从谈起。

（三）How——教学目标是怎样达成的？

制订了正确的教学目标，目标也达成了，笔者认为还不能认定这就是"有效教学"。我们还应该看一看，这个目标是怎样达成的。

1. 看一看，学生是主动学习还是被动学习

如果课堂中教师没有激发起学生的学习兴趣、学习动机，学生没有积极主动地参与学习中，而是依靠教师的讲解、指导记住某些知识，那么这样的"达成"也是无效的。

例如，两位教师同时教"积不变的规律"。甲老师通过发现法引导学生找到规律，继而会运用规律解决问题；乙老师通过告知，让学生知道了这个规律，同时也能运用规律解决问题。即便他们的学生都会解题，但是我们可以说，甲老师的教学是有效的，因为他的学生是主动学习，主动构建。

2. 看一看，投入了多少

"有效教学"意味着在一定条件下，以最少的时间和精力消耗，取得质量最优良的教学效果。如果师生是通过拖堂、加班、题海战术达成某一目标，那么这样的教学也是无效的。因为这加重了学生的学习负担，牺牲了学生的休息时间，这种高投入换取的"高成果"不是"有效教学"所追求的。

3. 看一看，发展了多少

这里的"发展"不仅仅是知识和技能的发展，它的内涵是十分丰富的。譬如，学生的经验是否从感性走向理性，学生的思维是否从肤浅走向深刻。如果学生的经验、学生的思维从进入课堂到走出课堂始终停留在一个层面，那么学生是没有发展的，尽管学生可能会记住某些东西，但从生命成长的角度来看，这样的教学肯定是无效的。

学生的发展包括学生的智力因素和非智力因素的发展，这种发展包括学习方法的习得，包括情感态度的发展，这种发展其实是一种生命的发展。

"有效教学"什么样？通过"2W+H"的回答中，它的样子已经渐渐明晰。

二、"有效教学"的堰塞湖

我们每位教师、每所学校都期望教学是有效的，都期望通过教学推进学生的发展。如若我们的老师出力再多、教得再苦，我们的学生却没有发生变化和发展,那么一切都是徒劳的,一切都是无效的或者是低效的。在日常的教学工作中,哪些因素成为学生发展或者说"有效教学"的阻碍,这是值得我们深思的。尽管影响的因素有很多,但是在我们看来以下方面起着重要的作用。

(一)教育理论的匮乏

教育理论的匮乏应该说是一线教师的痛。走进学校,走进课堂,我们会发现教师大都在凭着经验行事。在专家和教研员参加诊断课的过程中,教师们最急切的需求就是"马上告诉我如何操作",至于为什么这样操作,完全可以不必深究。我们还发现一种现象,一线教师不太喜欢或者干脆不读理论书籍,而是喜欢读现成的案例、现成的课例设计。什么建构主义、人本主义,什么迁移理论、最近发展区、脑科学,什么夸美纽斯、卢梭和杜威,什么有意义教学、机械教学等,在他们看来那些书是专家的专利,和自己没有任何关系。教师们最关心的就是通过什么样的操作能够提高自己所教班级的成绩。一旦成绩不好,就会怨学生不努力、怨家长不配合、怨自己没有押准题,而不去深究出现这种现象的"根",忘记了理论指导实践这个道理。其实我们应该认识到,理论的根基决定了教师行走的长度,理论的厚度决定了教师行走的高度。如果我们的教师了解并掌握一定的教育理论,那么就会科学设计适当的教学目标,就会科学地组织教学活动和学习活动,就能很好地促进"有效教学"的顺利实施。教育理论影响着"有效教学"的展开。

(二)教师生命自觉的缺席

法国启蒙思想家孟德斯鸠说过:"任何他人的建议或意见都无法代替自己内心强烈的呼唤。"人的发展虽然需要外力,但更重要的要靠内在的动力。要改变课堂,要改变教学,教师首先要改变自己。人变了,事就随着改变。"有效教学"得以实现的核心因素就是教师,是教师的使命感、责任感和价值的追求。因为他们决定着教师精神的追求,决定着教师的生命状态。

在日常的教学工作中,有的教师总以诸多的托词拒绝走出"舒适地带",拒绝改变和发展。他们忘记了时代的变迁和发展,忘记教师应有的使命感和责任感,没有了内驱力,没有了主动发展的意识,那就意味着主动发展、生命自觉的缺席。一个主动发展的教师，一定是这样的一个人：仁慈善良，有信仰，爱岗敬业，善学善思，善于观察学生，有自己独立的见解，不断变革，持续发展。只有这样的教师才有可能不断转变自己的观念，才有可能有力量清除通往"有效教学"的路障，抵达"有效教学"的终点。因而，我们要让教师不断向"内"走，提升自己的内生力，唤醒教师生命的自觉，唤醒教师生命的成长，这是通往"有效教学"最关键的路径。

（三）教师专业发展"知识基础"的缺失

教师专业发展的知识是"有效教学"的保障。教师应该拥有什么样的知识框架，中外专家学者都提出了自己的观点。他们虽然表述不同，但是内涵是相通的。我国学者提出教师要拥有本体性知识、条件性知识、实践性知识和一般文化知识。美国斯坦福大学教授舒尔曼与他的同事提出了教师要拥有学科知识，一般教学知识，课程知识，学科教学知识，学习者及其特点的知识，教育情境知识，关于教育的目标、目的和价值的知识。而在这当中，学科教学知识是核心。学科教学知识就是教师要把自己所掌握的知识转化为学生所能理解的表征形式。那么，至少有两种情况影响着教师的转化，一是教师拥有学科教学、课程等知识，但缺少转化的策略；二是本身就缺乏以上所提的知识，根本谈不上转化。我们可以暂且不谈最核心的因素即学科教学知识，仅谈最基本的学科知识，就很令我们汗颜和担忧。关于学科知识，苏霍姆林斯基曾经这样说过："关于学校大纲的知识对于教师来说，应当是他的知识视野中的起码知识。""……如果你教物理的，那么你就应当对基本粒子有所了解，懂得一点场论，能够哪怕是粗略地设想出将来的能源发展的前景。教生物的教师，则需要懂得遗传学发展的历史和现状，熟悉生命起源的各种理论，知道细胞内部发生的生化过程。"我们可以进行自我考量，有多少教师拥有坚厚的学科知识，这可是"有效教学"之基。如果连这个"地基"都不牢固，其他的知识真的无从谈起。并且，教师对学科知识的把握还影响着对学科大概念的确定，影响着教学目标的制订。

这不能不让大家想起一个故事：20世纪30年代，著名曲学家吴梅曾任教北京大学。当时，唱曲儿还被传统学问家视为"小道末技"，连大学者黄侃也非常不满。一次，黄侃讲完课，发现吴梅坐在教授专用沙发上休息，于是怒问："你凭什么坐在这里？"吴梅理直气壮地答道："我凭元曲。"

还有一个故事：当时西南联大中文系教授刘文典是著名《庄子》研究专家，在抗战时期大家常跑防空洞。有一次他看见作家沈从文也在跑，很是生气，大声喊道："我跑防空洞，是为《庄子》跑，我死了就没人讲《庄子》了，你凭什么跑？"好在沈从文脾气好，不与他一般见识。

由着这些故事，我们不得不思考，教师走向"有效教学"的难度确实存在客观因素，当然实践中"有效教学"的阻碍因素还有其他，这些都有待于研究和解决。

在思考中，我们也在不断寻找改革的经验，不断外出学习，总想找到一把钥匙、找到一个好的药方，来解决这些问题。

（四）理念转化为行动的策略贫乏

一线的许多教师对于如何看待学生、如何看待学习、如何看待教学等问题，都能头头是道地说出自己的看法。教师口头上说要关注每一位学生，但实际在课堂教学中却对学生的学习基础并不了解；教师知道要以学习者为中心，但是在课堂上却改变不了"独白"的习惯；教师知道要培养学生发现问题、提出问题的能力，但是课堂上却不知如何去培养；教师知道学生发展的核心素养，但是却不清楚如何落实到每节课中。为什么教师拥有的先进理念却不能转化为自己的教学行为？很显然，教师缺少理念转化为行为的策略，这就促使着我们要寻找、探索问题转化的策略。

　　今天的教学应当为学生而教，为理解而教，为未来而教。为了适应未来社会的发展，当下我们必须改变课堂，重塑课堂的形态，以让我们的学生更好地生活在未来。重塑课堂的途径有很多，我们选择把"问题支架"作为变革课堂的"撬点"，以课题研究的方式探索"问题支架"在学生自主建构学习中的应用，以此推进教与学方式的改变，直抵"有效教学"的终点。

寻求变革

——走向"问题支架"应用的探索

一、为什么研究"问题支架"

（一）"问题支架"是组织课堂教学的重要方式

我们都知道在课堂教学中，教师组织教学的最重要方式就是通过问题来组织教学。国内学者王金英老师认为："课堂提问是一种教学方法，是教师依据教学重难点设计问题；学生回答，是最终经过主体的思考和实践得出问题结论，获得知识，发展智力的方法。"美国课程专家格兰特·威金斯认为："现代课程的本质是'问题'课程，改革的主要任务是'重新组织'课程，通过问题设计来组织课程内容。"学习是思维的结果，所有的知识都始于问题。但是纵观当下的课堂，教师设计的问题质量不高，质量不高的原因在于教师很少考虑问题与目标的关系、问题与任务操作的关系，很少考虑用不同的问题来引发学生多层次的参与。在学生认知遇到困难时，教师缺乏用问题启发学生深度学习理解的方法策略。由此，我们需要对课堂问题的设计应用进行研究。

任何学习都需要支架，"问题支架"即支架是以问题的形式呈现，是通过搭建支架性问题来完成教学的基本任务的。问题成为引发学生持续学习的最重要的内驱力，是联结学生已有经验的重要桥梁，是推进学生深度理解的重要媒介。学生要实现认知的"意义建构"离不开问题这个桥梁。学生是在"问题支架"的帮助下内化知识和经验，主动进行建构，促进自身能力发展。

（二）"问题支架"是提高教师专业能力的重要载体

一线教师不缺少经验，但是缺少理论指导下的实践经验。基于"问题支架"的研究将推进教师的理论学习。因为要搭建有效的支架就必须学习相关的理论，用理论指导实践，诸如要学习建构主义的理论、维果茨基的最近发展区理论、梅耶的多媒体认知理论，还涉及布鲁姆目标分类学习、威金斯评价理解指标的学习等；同时，在对学生的研究，对课程标准、学科特点的研究过程中，教师也会不断转变教育教学理念，从而改变教师的教育教学行为，如此水到渠成地实现了教师理论与实践的统一，知与行的合一，从而实现教师教学范式的改变，实现教师团队专业水平的提升、教育教学质量的提高。

（三）"问题支架"是促进学生思维进阶的重要路径

"问题支架"有利于学生提出有价值的问题，有利于推进师生、生生交互对话，有利于推进相互的合作与协商，有利于推进学生学习的自主建构。同时基于时代背景，我们还应开发益于学生自主建构学习的"问题支架"应用的技术平台，以推进学生学习的真正发生。可以让学生在平台上提出自己的问题，发表自己的观点，在多维的互动中修正完善自己的思维，让思维不断进阶，让"有效学习"真正的发生。

二、"问题支架"概念的界定

"问题支架"，即以问题作为支架促学生的发展。"支架"原指建筑行业中使用的脚手架，用来帮助工人完成伸手不能及的工作，它的作用就是"帮助"工人完成工作。教学中引入"支架"，喻指教师的"教"为学生搭建学习的"支架"，是协助而不是替代。学生在老师的帮助下积极主动建构知识，以促能力的发展。学习支架有多种表现形式，问题只是其中的一种。"问题支架"就是在学生完成任务时基于学生的需要，为学生提供帮助的问题。

自主建构，也可以称之为"意义建构"。建构主义学习观认为，学习不是教师向学生传递的过程，只有学习者才能学习，别人永远不可能代替他去学习。学习者必须经历浮现、连接、断裂、调用等步骤，自己对信息进行加工，探索事物的性质、规律以及事物之间的内在联系，改变自己的心智。学生能够自主建构必须经历一个由"搀扶"到"独立"的过程。在这个过程中，教师需要给学生搭建不同的"支架"。

在"问题支架"研究过程中，我们主要搭建使用了回忆观察型问题、调用联结型问题、加工推进型问题三类支架。

回忆观察型问题：聚焦学生注意力并能引发学生学习意向的问题。它的目的是确保每位学生的学习都能够被给予所有可得的信息。

调用联结型问题：调用以前搜集、经历过的，目前存储在记忆中的信息。这些信息来自以往的个人经验、阅读材料或者其他途径。它的目的是引发已有知识与正在学习的新知识之间的联系。

加工推进型问题：围绕具体的教学目标，依据学习内容，结合学情推进学生建立知识内在联系，并能将知识技能有效应用到新的情境的问题。它的目的在于引发学生获得深层次的理解，顺利实现迁移。

教师可以围绕着说明、解释、应用、转换视角、移情、元认知六个维度搭建"问题支架"。

三、"问题支架"研究的理论支撑

建构主义理论　建构主义认为学生以自己已有的知识经验为基础，对新的知识信息进行加工理解，对此建构新知识的意义。同时，原有的知识经验又因为新知识经验的进入而发生调整和改变，是学习过程中的一个主动建构知识的过程。

梅耶的多媒体认知理论　学生的学习过程是一个信息的加工过程，这一过程可分成若干阶段，"选择""组织""整合"是三种基本的认知。学生首先要选择信息，新的信息被学习者注意后，进入短时记忆；同时激活长时记忆中的相关信息也进入短时记忆。新旧信息相互作用，产生新的意义，储存于长时记忆系统。学生要经历选择提取信息、提取信息、加工整理信息、运用整合提升的过程，在这个过程中实现自主建构。

维果茨基最近发展区理论　苏联教育家维果茨基认为学生的发展有两种水平：一种是学生的现有水平，指独立活动时所能达到的解决问题的水平；另一种是学生可能的发展水平，也就是通过教学所获得的潜力。两者之间的差异就是最近发展区。教学应着眼于学生的最近发展区，为学生提供带有难度的内容，调动学生的积极性，发挥其潜能，超越其最近发展区而达到下一发展阶段的水平，然后在此基础上进行下一个发展区的发展。也就是说，"最近发展区是儿童在有指导的情况下，借助成人帮助所能达到的解决问题的水平与独自解决问题所达到的水平之间的差异，实际上是两个邻近发展阶段间的过渡阶段。把握最近发展区能加速学生的发展"。

格兰特·威金斯和杰伊·麦克泰格的理解六侧面理论　他们认为理解是多维、复杂的，理解不能仅靠陈述事实，不能仅靠教师的独白，它应该靠学习者主动发现和揭示隐藏在事实背后的内容，通过思考探究发现内在的逻辑联系，建立意义联系，进行自我建构。他们认为理解的视角是多侧面的，即包括解释、阐明、应用、洞察、深入和自知。此理论为我们提供了一种设计"问题支架"的思路。

　　问题乃通向理解之门，问题是打开理解之门的重要路径。没有问题就没有学习，学习中没有问题就是最大的问题。我们如何通过搭建"问题支架"引导学生走向自主建构的学习呢？还是要回到实践中去。

实践应用

——行走中的诠释

一、"问题支架"在学科教学中的应用

（一）培训先行——"为何"与"是何"

如果教师不清楚当下我们为何要把搭建"问题支架"作为课堂变革的"撬点"，那么这种研究就无法开始和进行。基于信息时代的特点，要让教师更加清楚地认识到信息通信技术带来的知识更新的加速。教师已经无法在学校传授学生所需要的所有知识，我们必须考虑的就是：我们如何在这样的时代去生存？作为教师，作为学校，我们必须改变我们的思维方式。为了学生当下和未来的生活，我们必须改变教学方式，让学生学会学习，拥有能够适应终身发展和社会发展的必备品格和关键能力。

我们一起学习建构主义理论，与皮亚杰、杜威、奥苏贝尔、维果茨基相遇，大家知道了学习者不是一张可以让老师把自己的知识画在上面的白纸，学习者是通过过往所有的经历来破译课堂上的信息，学习者只有借助自己的能力才能学习。大家明白了知识从来不是个体一下子就能直接获得的，它也不可能是别人给予的。学习就是自我发问，只有进入了提问的步骤，才会试图去理解，学生学习的过程是思维持续进行的活动。大家清楚了只有学习者才能学习，学习者所有认知都来自环境的交互。鉴于这样的认识，我们今天的教学应该为理解而教，而我们选择撬动课堂变革的重要支点就是——"问题支架"。

既然我们为理解而教，那么我们就需要真正理解"理解"的内涵是什么？许多的专家认为"理解"就是建立知识间的内在逻辑联系，能在新的情境下解决问题，实现迁移。那么，我们的课堂就应该通过"问题支架"的搭建引导学生建立知识之间内在的逻辑关系，能在复杂的情境中解决问题，真正形成个人结构化的网络知识。

（二）课堂诊断——"缘何"与"如何"

教师们带着学习，带着思考走进课堂为自己的教学进行设计，为自己的课堂教学把脉诊断。

案例：《跨越百年的美丽》　统编小学语文六年级下册

这是一篇赞美居里夫人的文章，文章以"美丽"为主线，表现了居里夫人的美丽不在于容貌，而在于为人类做出的伟大贡献；实现了自己最高层次的人生价值。

执教教师在学习过程中提出了这样的问题："居里夫人的美丽表现在哪里？"学生找出了相关的句子，并进行了分享。但是不难看出学习结果只是停留在找出、读一读的状态。这个问题缘何需要修改？因为它不能引发学生深入地思考，不能体会作者是怎样进行描写的。如何修改？观课的老师在议课的过程中认为可以修改为：你是怎样体会到居里夫人的美丽的？学生在学习思考的过程中必然要深挖课文具体的语言材料，必须寻找出有说服力的证据，如此就会推进学生的理解。

（三）尝试探索——"若何"与"何如"

为了更好地让"问题支架"撬动教与学方式的改变，在实践中我们为师生提供了可以使用的工具。师生借助工具、卡片等学会提问题、学会解决问题。

1. 学生使用的工具

围绕学习目标，学校开发了基于问题进行学习的导学单。导学单分为三大板块，即学习前、学习中，学习后。学习前主要围绕着"关于学习的内容，你已经知道了什么？""关于学习的内容，你想知道什么？"两个问题引导学生回忆，激发学生学习的意向；学习中主要围绕着"学习新知识后，你知道了什么？""你能解决什么任务？""你还想知道什么？"

三个问题引导学生深入思考，活学活用，学以致用；学习后围绕"今天学习的知识与哪些知识相联系？""你又发现了新问题？"两个问题引导学生梳理提炼，自主建构，拓展思考。

2. 教师使用的模板

推进思维发展的问题设计示例，主要是参考威金斯关于理解的六个维度即说明、解释、应用、转换视角、移情、自我认知，并学习应用了每个维度相关的动词及问题创设的模板。例如，基于"说明"这个维度，我们可以提出"什么是怎样出现的？是什么引起了什么？我们如何证明什么？"等这样的问题。常用的提示动词有：联系、证明、起源、描述、设计、展示等。（其他略）

3. 基于"问题支架"应用的教师观课表

表1　"问题支架"应用的教师观课记录表

观课教师		执教教师		执教学科	
执教课题				难点	
观察记录					
问题序号	教师提出的问题（①观察记忆型，②调用联结型，③加工推进型）		指向目标	学生行动的情况	
存在问题及评价建议	包括教学目标、"问题支架"、教学过程、效果检测等等				

这些工具为学生提供了一个主动学习、深入思考的线路图，经过长期的使用，学生的思维方式就会发生变化，使自主建构学习成为可能，推进了学生的自主发展。于老师而言，这些工具为教师如何提出优质问题提供了可借鉴的路径。尤其是课堂观察表的开发和使用，促进了教师同伴的学习，每位老师在学习他人、反思自己的过程中提高了自己的专业素养。

（四）课例列举——掠影采撷

"有效教学"能否落地，最终还是取决于我们日常的课堂教学；教师日常的学习培训是否有效、观念是否转变，还是要通过课堂教学来进行检验。而课堂教学有效的第一步就是教学备课设计，虽然课堂会生成新的问题，但是教师的备课设计永远是"有效教学"的重要保障。在实践研究中，因为我们把"问题支架"作为撬动课堂的支点，因而我们要求教师在备课设计中就要清楚其搭建的"问题支架"的类型和作用，以益于学生的理解掌握。

表2　《广玉兰》教学备课表设计

课题	《广玉兰》	教材版本及位置		苏教版六年级下册第六单元	
单元主题	咏物抒情	课型	新授	单元课时	8-1
教学目标 重点：★ 难点：▲ 德育点：●	（1）自主学会本课生字，能对照评价标准用钢笔写好段落，能结合上下文理解"数世同堂、生生不息"等词语。 （2）正确、流利、有感情地朗读课文，能背诵自己喜欢的段落。 ★▲（3）通过"补充阅读""辩论"等多种学习活动，掌握品味语言的方法，继而体悟到作者表达的思想感情。 ●（4）在讨论"荒煤"的笔名中，进一步分享作者的人生经验，知道散文中还蕴藏着作者的人生写照。 ▲（5）能把学到的段落结构方法、修辞手法用到自己的写作练笔中。				

（续表）

教材分析	（一）文本的位置及体式 　　苏教版语文六年级下册第六单元的主题是"咏物抒情"。本单元安排了《广玉兰》《夹竹桃》两篇文章和两首咏物古诗，此外还有一篇习作和练习。《广玉兰》是本单元的开篇课文，是散文体式，需要学生通过把握文本的"外显之形"去理解内容的"内蕴之质"。这一篇的学习要为下一篇或以后散文的学习奠定基础。 　　（二）该文的教材价值 　　《广玉兰》是根据作者陈荒煤的《广玉兰赞》改写的。我们知道当文章被编入教材转变为课文时，教材就不仅仅具有原生价值，还具有了教学价值。那么《广玉兰》的教学价值在哪？那就是遵循散文的特点，以此为载体，引导学生进行文本的细读，体味作者如何用精确的语言描写广玉兰，从而体悟作者独特的人生经验：作家当如广玉兰，生命当如广玉兰！ 　　（三）文本与课程目标 　　第三学段的课程标准在识字与写字方面有这样的要求：硬笔书写楷书，行款整齐，力求美观，有一定的速度；阅读方面要求默读有一定速度，在阅读中了解文章的表达顺序，体会作者的思想感情，初步领悟文章的基本表达方法…… 　　为此，将文本《广玉兰》作为落实这些目标的载体，通过文本的学习促进学生语文素养的提升。
学情分析	已有基础：学生在近六年的语文学习中，应该说对于"咏物抒情"的散文和古诗并不陌生。例如三年级语文下册的《望庐山瀑布》和五年级语文下册的《望月》，都是与借物抒情相连。但是学生并没有有意识地去探究"咏物抒情"类文章的特点。在学习中，学生对文本语言的表达，常常是知道这是什么，但是不知道这样说的精妙。因而在教学中，通过活动的设计，引导学生品味语言的精妙，分享作者的人生经验。 　　学生特点：学生的主动学习力不是很强，他们往往喜欢被动地去听、去接受；同时，对于学习的自我监控能力较弱。为此，在课前的预习中，我们设计了KWL知识表。在任务实施的过程中注意设计评价任务的量规，让教、学、评达成一致，促进学生自主学习能力的提升。

（续表）

课程资源	三张学习清单（附后）：课前预学单、课堂评测单、课后反思单。教科书、网络、《少儿百科全书》等课外图书、《广玉兰赞》原文、陈荒煤改编的电影。		
预习任务	完成KWL预学单。		
教学准备	1. 设计KWL知识表 2. 制作PPT 3. 设计评价量表 4. 梳理了解学生预习单		
教学方法	讨论法、合作探究法、示例法、诵读法、批注法、对比法。		
教学环节	教师活动	学生活动	教学评价
环节一：检查预习，发现真正问题	1. 揭题导入，组织学生小组交流 2. PPT出示学生钢笔抄写： 我也无法用文字准确形容那花瓣的质感，说它玉琢冰雕吧，它又显得那样柔韧而有弹性 （1）组织交流评价。 （2）给出评价标准。 行款整齐、干净美观、结构匀称、有一定速度、执笔正确。 （3）出示文字，组织练写。 先前热热闹闹开过的广玉兰花呢，花瓣虽然凋谢了，花蕊却依然挺立枝头，它已长成近两寸长的圆茎。	1. 四人一组，对KWL图表进行交流，查字音、查问题，交互学习 2. 明确标准，练写钢笔字 （1）自由评价。 （2）再对照标准进行自我评价。 （3）结合标准练写，同桌借助评价表互评。	课堂互动评价和自我评价。 结合评价表同桌进行星级评价（评价表见课堂评测单）。

【设计意图】预习交流是为了比较准确地把握学生的学习起点；KWL知识图表是了解学生的已知和需求，站在学生的立场辨识学生真正需要学习的内容；"钢笔抄写"在于落实《语文课程标准》"行款整齐、干净美观、结构匀称、有一定速度、执笔正确"的要求。

（续表）

环节二：整体感知，直觉"品味"语言	1. 提出概括任务 2. 组织交流，随机板贴"花香、花色、花形、叶片" 3. "问题支架"：如果请你选择背诵的段落，你喜欢选哪部分？请说出理由（加工型问题）	1. 快速浏览课文，概括主要内容 2. 交流主要内容，学生补充 3. 思考、选择，交流选择的理由。	学生能真实说出自己喜欢的理由。
【设计意图】本环节设计有三个意图：一是锻炼学生快速捕捉信息和概括能力；二是为完成课后第一题做准备；三是了解学生品味语言的能力。			
环节三：示例分析，学习"品味语言"	1. 谈话导入，学习第三自然段：刚才同学们谈到喜欢第三自然段，我们就这一段一起来学习品读它 布置学习任务：请用直线标出作者写了几种花形？仔细品读，作者是怎样用文字把自己的喜爱之情表达出来的？（加工型问题） 2. 组织全班交流 （1）预设一：含羞待放。 "含羞待放"与"含苞待放"的区别。感悟拟人。 （2）预设二：凋谢。 ① 组织辩论活动：大家认为用"依然"好还是用"毅然"好？ ② 点拨：大家认为用什么语调来读？ 提供原文支架：补充材料—《广玉兰赞》原文：可是我终于发现了一个秘密：当玉	1. 活动一：自主品味语言 （1）对照插图，默读第三自然段，并标出作者写出的不同花形。 （2）圈画批注，进行思考。 2. 活动二：交流品味语言 （1）抓住关键词句进行交流、补充。 （2）带着喜爱之情朗读 ① 就"依然"和"毅然"展开辩论。 ② 结合原文，再次朗读，读出积极、向上的语气。	生生互动的课堂即时评价。

（续表）

环节三：示例分析，学习"品味语言"	兰花枯萎凋落之后，它的花蕊却变成了近两寸长的鲜丽的近乎紫红色的颗粒如细珠的圆茎，还毅然独自挺立在枝头！而且还在它的根部又冒出一枝新的嫩芽来，似乎证明洁白的玉兰花虽然花开花落，从生到死，然而它还有一颗红心依然耸立，还在孕育着新芽。可惜我要走了，我来不及看到这棵嫩芽生长起来之后，到底是一棵新的树叶还是一个新的花苞！ ③ 预设三：数世同堂，感悟比喻。 点拨：再读一读、看一看这一段的结构特点。 3. 小结梳理：刚才我们是怎样品味作者的个性化语言的？（加工型问题）（板书：关键词、拟人、比喻……）		生生互动的课堂即时评价。

【设计意图】每一篇散文都体现了作者个性化的语言，因而品味散文的个性化语言是散文学习方法重难点，在这个环节，主要是引领学生品味作者的语言并学会品味语言的方法，披文入情再体味作者的情感。

这个环节的①"依然"和"毅然"的辩论活动，不仅有利于促进学生对文本的理解，还有利于培养学生就作者观点进行思考和提问的读者意识，培养批判性思维。

环节②的补充原文有利于学生把握文章的诵读基调。

（续表）

环节四：应用方法，尝试品味语言	1. 默读第二自然段，运用所学方法品味语言 2.组织小组交流分享 ① 预设一："我无法用文字准确形容那花瓣的色彩，说它纯白吧，又似乎有一种淡淡的青绿色渗透出来；我也无法用文字准确形容那花瓣的质感，说它玉琢冰雕吧，它又显得那样柔韧而有弹性。"反复感悟。 运用"加工型问题支架"抓矛盾处继续推进：既然无法了，为何还要写？既然写的是纯白，为什么还有绿？ ② 预设二："玉琢冰雕"，抓重点词语。 3. 这些语言，都传达出作者什么样的朴素情感？（加工型问题）	1. 活动一：默读课文，运用方法尝试品读语言 2. 活动二：交流补充 小组合作讨论。深入品读课文。感受作者情感。 3. 活动三：有感情地朗读	生生互动评价。

【设计意图】运用在第三自然段学习的"品味语言"的方法学习第二自然段，体味作者通过语言传达的情感，通过"加工型问题支架"引发学生对作者个性化语言的理解，比较准确地感悟出作者传达的感情。

环节五：选择段落，学会品味语言	1. 组织小组学习：各小组选择描写"花香"或"叶片"的段落，运用方法品味语言 2.组织全班交流，补充评价	1. 四人小组选择任务内容，合作交流，完成表格 2. 小组上台交流，互相修改完善	表格检测。

【设计意图】本环节通过小组合作填写表格，检测学生对"品味语言"策略的运用，在交流中推进学生学习的改变；也在合作学习中推进学生的合作能力和社会交往能力的发展。

（续表）

| 环节六：整体梳理，深化"品味语言" | 1. 画出文章表达作者思想感情的句子

2. 依据板书，整体梳理

① 作者是如何表达出思想感情？（加工型问题）

② 梳理品味语言的方法。

3. 推测：为什么作者把"荒煤"作为笔名？（加工型问题）

提供原文支架：补充材料二《广玉兰赞》原文：

花开花落、生生死死，当然是永恒的现象，但是我却由此联想到，对于作家艺术家来讲，一颗红心不死，临终在他们的作品里能够发射出强烈的时代的光和热，点燃人们心灵的希望之火，照亮了广大人民前进的道路，才能获得真正的永恒。

4. 总结升华："荒煤"立志做一块荒野之中充满热量的煤。荒野之煤不仅散发出了光和热，而且照亮和温暖了后来者。散文就是作者的人格写照 | 1. 画出中心句，感情朗读

2. 共同梳理总结

3. 推测，借助原文进行探究 | |

【设计意图】依照板书，师生共同梳理总结散文阅读的方法。在品味精准的言语表达中，分享作者日常生活中的人生经验。其精彩之处在于对"荒煤"笔名的探究，让学生体会到散文往往是作者的人格写照。

（续表）

作业设计	必做： 1. 选择喜欢的段落背诵 2. 仔细观察你喜欢的一种花，运用今天所学方法写一段话，表现它的特点 选做： 1. 给编者写一封信，谈谈你对"依然"和"毅然"的看法 2. 推荐阅读《陈荒煤文集》	
【设计意图】作业是教学活动的延伸，是围绕着散文阅读策略在新情境下的应用设计的。通过作业深化关于散文的学习，巩固散文学习的策略，为下一步学习奠定坚实基础。		

板书设计	广玉兰 花香　幽香 花色　纯洁　人格 花形　生命力 叶片　　　　　　人格 （关键词、拟人、比喻、反复……）	【设计意图】本板书从内容到情感再到识人，是学生学习思考的脉络。另一关键之处就是品味语言的方法。
教后反思	学习散文的重点就是品读作者的个性化语言，引导学生进行文本的细读，体味作者如何用精确的语言描写广玉兰，从而体悟到作者独特的人生经验，这是课堂学习的重点也是难点。在本课教学中，为突破教学目标，实现学生核心素养的落地，设计者主要为学生学习搭建了以下支架： 　　（1）补充原文。该文是根据陈荒煤《广玉兰赞》改编而成，尤其是改编后的文章，删去了很多可以更好地认识作家其人的语言文字，所以在学生理解不到位时，适时介入原文的补充，一是帮助学生们更好的明白作者本文的感情基调，读好文章；二是在探究"荒煤"笔名时，感悟作者笔下的广玉兰，正是自己的人生写照，让学生对作者的理解更加全面、立体，也进一步探究和触及了散文的本质。 　　（2）"问题支架"。注重"问题支架"对学生自主建构的推进。尤其是关于"依然"和"毅然"的辩论，让学生在语言实践活动中更好地理解文章，这也是为了培养学生批判性的读者意识，逐步实现素养的落地。	

（续表）

课前预学单

一、KWL图表

你已经知道了什么?（K）	你还有什么想知道的?（W）	你新学会了什么?（L）
字词：		
作者：		

二、完成钢笔抄写

　　我无法用文字准确形容那花瓣的色彩，说它纯白吧，又似乎有一种淡淡的青绿色渗透出来；我也无法用文字准确形容那花瓣的质感，说它玉琢冰雕吧，它又显得那样柔韧而有弹性。

课堂评测单

一、对照标准完成钢笔抄写，再给同桌评一评

　　先前热热闹闹开过的广玉兰花呢，花瓣虽然凋谢了，花蕊却依然挺立枝头，它已长成近两寸长的圆茎。

评价标准☆：

行款整齐☆	
干净美观☆	
结构匀称☆	
有一定速度☆	
执笔正确☆	

二、借助方法，合作学习

内容品味	个性化语言	表达情感
花香		
叶片		

（续表）

课后反思单
1. 通过课堂学习，你获得了哪些新的认识？
2. 今天谁的观点启发了你？你同意他的观点吗？还有其他补充吗？
3. 你还想继续探究哪些问题？

二、"问题支架"与凝练结构化知识

（一）让"问题支架"嵌入教学模式中

教学模式是一种媒介，教师通过它能够获得多种成功的教学方法。教学模式不仅在理论上具有极强的逻辑性，在实践上也具有很大的指导作用，它是专业化教学的基础。当然没有一种教学模式能实现所有的教学目标，教师可以有意识地在多种多样的教学模式中嵌入有效问题，让学生先接纳新的知识，然后通过一系列的试错活动扩充自己原有的认知结构，继而通过保存有效知识、抛弃无效知识的方式来建构自己的理解，直至他们达到全新的认知水平。

因此，将"问题支架"嵌入教学模式，是以最近发展区理论为依托，涵盖了一系列可以操作的步骤、选择和互动交流，可以不断提高学生独立学习的水平。我们以这个原则为基础，结合小学数学教学的实际，嵌入"问题支架"，帮助学生凝练结构化知识。

所谓结构化，是指将逐渐积累起来的知识加以归纳和整理，使之条理化、纲领化，做到纲举目张。知识是逐渐积累的，但在头脑中不应该是堆积的。心理学研究已发现，学优生和学困生的知识组织存在明显差异。学优生头脑中的知识是有组织、有系统的，知识点按层次排列，而且知识点之间有内在联系，具有结构层次性；而学困生头脑中的知识则水平排列，是零散和孤立的。结构化对知识学习具有重要作用，因为当知识以一种层次网络结构的方式进行储存时，可以大大提高知识应用时的检索效率。"问题支架"嵌入教学模式，可以有效凝练结构化知识。

"问题支架"	激发动机	搭建支架	责任逐步让渡	拆解支架

教学过程	创设情境	问题调控	问题解决	问题拓展

知识建构	感知信息	提出、提炼问题	自主探索，完善知识建构	阶梯式提升	突破式发展

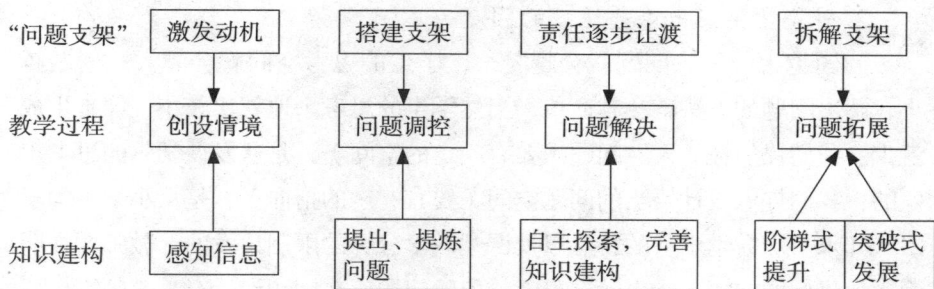

图1 "问题支架"嵌入教学模式

环节一：创设情境——激发动机

创设情境是教学过程实施的第一个环节，在实践中我们明显地看到或感觉到，一个有效的情境，能充分激发起学生学习的兴趣，激发发现问题和解决问题的热情，使学生积极主动地去探索、合作交流，真正领悟数学的价值。

环节二：问题调控——搭建支架

这个环节要根据刚才发现的数学信息，引导学生提出有价值的数学问题。所谓的价值，就是要让学生通过解决这些问题，达成学习目标。因此，教师心中要明确三个问题：我们要往哪里去？我们现在在哪里？到达那里的最佳路径是什么？有了这三个问题的答案，教师才会在鼓励学生提问题的环节，帮助学生筛选出指引他们穿越最近发展区，最终到达目的地的问题。

在"问题支架"的设计中，要注意三个方面的问题：

1. 引导学生学会提有"数学味"的问题

爱因斯坦认为："提出问题比解决问题更重要。"数学教材呈现的大多是静态的知识体系，要使学生在教师的指导下，积极主动地掌握这些数学知识、技能，发展能力，形成积极、主动的学习态度，同时使身心获得健康发展，就要求教师在深入钻研教材的基础上，了解学生，善于引导学生在丰富的情境中，把生活问题转化成一个个符合学生实际的数学问题。只有这样，数学课堂才可以真正转化成以问题为中心，激活学生的思维，提出有研究价值的数学问题。

2. 引导学生提出难易适度的问题

问题越大，解决问题就会越复杂，学生的思考空间就会越大；问题越小，解决问题的方法就会越简单，当然学生的思考余地就比较小，课堂生成就少。我们提倡提"大"问题（要有一定的空间），是从发展学生的思考出发的；我们提倡设计恰当的问题空间（要有一定的指向），是从小学生的学习认知水平和数学学科的特点以及课堂教学分钟的限制出发的。教师要在明确教学目标的前提下，设计有思考价值的问题：在问题设计时，教师不仅要考虑提什么样的问题，还要考虑为什么提这样的问题，使每一个问题既能活跃学生的思维服务，又能成为完成教学任务的一个组成部分。

3. 充分的问题预设可促进各个层面学生的发展

问题的设计可以从培养学生的感知能力、分析综合能力、比较能力、抽象概括能力和创造想象能力等几方面入手，使提问具有较好的启发诱导性、清晰的层次性。提问要注意哪些问题、提问中可能出现哪些问题、怎样解决等，这些问题教师在进行问题设计时应考虑好并做好充分的准备，以便教学时及时调控，保证课堂上学生的思维不偏离正确的轨迹。其中有两个方面最为重要：第一，对学生可能出现的各种反应、回答应有充分的估计并事先想好应对的策略；第二，考虑问题的提出是否有利于调动全体学生参与的积极性。设计问题时，要考虑让每一个学生都积极参与，避免出现学优生活跃、学困生兴趣不高的课堂缺陷，使各层次、各类型的学生在课堂上都有自己的位置，各尽所能，各有所得。当问题的调控成功时，学生的状态自然形成，对于问题的解决做到了良好的心理铺垫。

环节三：问题解决——责任让渡

在明确了要研究的数学问题的基础上，教师的下一个重要任务就是激发学生自主探索的积极性和主动性，让他们依托"核心问题"在自主参与中"做"和"悟"，从而学会学习、学会创造。在解决问题的过程中，我们注意采取"各自为战"和"分组合作"相结合的方式；注重"问题生成"和"问题解决"，注重"应用意识"和"实践能力"的培养：即让学生围绕着筛选出的有价值的数学问题，进行独立思考或合作探索，通过交流讨论，形成结论、运用新知、内化新知、同时也在交流中收获成功，更自信地参与各种学习活动。

环节四：问题拓展——拆解支架

问题拓展环节不仅仅是让学生学会解题、记忆一些题型、掌握一些解题技巧，更主要的目的是让学生学会数学的思维，也就是学会把客观问题数学化，建构数学模型，掌握解决问题的策略，学会在更大范围内应用数学。这也是一个拆架的过程。设计"问题支架"，只是出于暂时性的考虑，它们并不是永久性结构。相反，通过逐步让渡学习责任，教师要有意识地逐步拆解通过问题搭建起来的"脚手架"。这个环节是在学生完全掌握学习目标的情况下，移除最后的支撑物，把"问题支架"全部拆除。

（二）让"问题支架"嵌入教学模式中的实施

1. "明晰教学目标"是搭建"问题支架"的首要条件

教师是学习的组织者、引导者和合作者，是对课堂学习走向起决定性作用的人。教师要将一个恒定、持久、清晰的教学目标自始至终贯穿在有效搭建"问题支架"的一连串教学进程之中。在整个教学进程中，教师首先要为学生创设有趣、有理的学习情境，引导学生提出问题、分析问题、解决问题，帮助学生在已经会做和不能独自做之间实现从一种认知水平到另一种认知水平的上升。因此，教师不仅要研究自己应该怎样教，更要关注学生是怎样学。教师要紧紧围绕教学目标思考——学生对问题的理解可能会有哪些不同的层面？学生解决问题又会有哪些不同的方式与途径？因而可能出现哪些结果？产生这些不同情形的原因有哪些方面？是由于原有知识的差异还是由于思维方式的差异，甚至是由于心理过程的不同？

2. "自主探究"是解决"核心问题"的关键因素

解决问题是课堂教学的重要步骤之一。在这一过程中强调的是教师的"引"与学生的"探"的有机结合，强调的是"引——探——练"的有机结合。在"引——探——练"的过程中，学生是学习的主体，学生对"核心问题"的分析与解决是课堂教学的主题，学生对知识的学习和理解、对知识的掌握与运用、学生的基本技能，是在"问题——学习——解答——质疑——小结"的循环过程中逐渐形成的。在课堂教学过程中，学生通过自己的学习了解知识，掌握知识，通过探究形成知识的认知结构。知识与技能的形成是在学生的"自主探究"的过程中实现的，解决问题的能力也是在"自主探究"的过程中提高的。所以说，"自主探究"是引探成功的关键。

3. "学科素养的提升"是凝练结构化知识的主要标志

在整个学习的过程中，学生带着问题主动学习知识，积极参与实践。"问题"为学生提供了主动学习的"线索"，为学生创造了主动学习的"氛围"。学生的学习能力、动手能力、合作理念与探究精神都因对"问题"的回答、对"问题"的探索而得到有效的提高。学生在以问题解决为中心的学习过程中，知识结构不断完善、不断精炼，从而形成网络，使学生学会探究、学会质疑，数学素养不断提升。学科素养一旦养成，它将超越学科知识范畴，并发挥长期的、实在的功效。

表3 《圆的认识》教学备课表设计

课题	《圆的认识》	教材版本及位置		青岛版六年级上册第五单元
所属领域	空间与图形	课型	新授	单元课时	5-1
教学目标 重点：★ 难点：▲ 德育点：●	★（1）数学知识：使学生在观察、操作、画图等活动中感受并发现圆的有关特征，知道什么是圆的圆心、半径和直径以及圆的特征；能应用圆的知识解释一些日常生活现象。 ▲（2）数学思想方法：使学生在活动中进一步积累认识图形的学习经验，增强空间观念，发展数学思维。通过学生自己动手操作探究圆的简单特征的活动，激发学生的学习兴趣，通过折、量、比、算等方式让学生体会合作学习的乐趣。 ●（3）数学审美与数学应用：使学生进一步体验图形与生活的联系，了解、感受圆的美，了解圆的历史文化背景，提高数学学习的兴趣和学好数学的自信心。			
教材分析	本节课是本单元的第一个信息窗，学生在第一学段已经认识了圆，并学习了长方形、正方形、平行四边形等平面图形以及它们的周长、面积计算，在此基础上本单元继续学习圆的知识，为以后学习圆的周长、面积及圆柱体的知识打好基础。教材呈现的是古代、近代、现代的交通工具，目的是让学生通过观察发现，随着时代的变迁，交通工具的外观、性能发生了很大的变化，但它们的轮子都是圆形的。"轮子为什么是圆的？"学生由此产生疑问，引发对圆的认识的学习。			

（续表）

学情分析	小学生在日常生活中看见过许多不同的圆形物体，低年级教学中虽然也出现过圆，但只是直观认识。学生往往把圆形物体的表面看作圆，对圆的认识是感性的。本节课，学生将从学习直线图形的知识到学习曲线图形的知识。不论是内容本身，还是研究问题的方法，都有所变化。		
课程资源	微视频：学生画圆的感受、中国古代数学家对圆的研究、车轮为什么是圆的……		
教学准备	圆规、圆形纸片、探究记录单、多媒体课件。		
教学方法	教法：启发式教学、生活化情境教学。 学法：自主、合作、探究的讨论式学习。		
教学环节	教师活动	学生活动	"问题支架"
环节一：创设数学文化生活情境，提供素材（3分钟）	1.展示交通工具发展变化 谈话：现在许多同学家里都有私家车，这使我们的出行很方便。请看大屏幕，这些交通工具你们都认识吗？ 谈话：交通工具在发生着变化，越来越发达了，但有一点是没变的，什么没变？ 2.轮子为什么是圆的 3.揭示课题（板书课题：圆的认识） 谈话：看来，这些都与圆的特点有关，今天，我们就带着这个问题来认识圆，去研究圆的有关知识，来探寻这个问题的答案，好吗？	（1）学生说一说图片上是什么交通工具，感受交通工具在发生着变化，越来越发达了，但有一点是没变的，它们都有轮子，轮子都是圆的。 （2）学生根据已有经验初步思考，轮子是圆的是因为好滚动、跑得快、平稳……	从古至今车轮都是圆的，为什么会这样呢？激发学生探求新知的兴趣。

【设计意图】交通工具随着社会的进步、科技的发展，它们的外观、性能发生了很大的变化，但有一点却始终没变，学生马上就会发现它们的轮子都是圆形的。通过"轮子为什么都设计成圆形的"这个问题自然引入对圆的认识的学习。

（续表）

环节二：分析数学文化素材，理解概念（12分钟）	**1. 初步感知圆** 谈话：我们来看一下，这里有我们以前研究过的平面图形，也有圆。圆跟它们有什么不同？ 谈话：对，圆是一个由一条曲线围成的平面图形。课前我让大家想多种办法画圆，给几名同学录了一段小视频，咱们一起看一看。 **2. 画圆** （1）认识圆规。 教师展示圆规教具。 （2）用圆规画圆。 谈话：咱们同学想不想在课堂上用圆规画圆？实在画不好可以找我或者同学帮帮忙。 谈话：画完了吗？我拿了两位同学的作品，既有成功又有失败，请这位同学说一说，一开始为什么没画好呀？ 师生共同总结：针头动了，圆的位置就变了，也就画不圆了。支架动了，两脚间的距离变了，圆也画不圆，可见，针头不动，两脚间距不动，这两点太重要了。	让学生感受学过的图形有边有角；边是直的，而圆的边是弯曲的。 学生认识圆规的两只脚、针、转轴。 学生动手尝试。 学生谈感受。	课前让学生想办法画圆，课上用视频展示，学生体验深刻。 引导学生通过动手操作、独立探索，初步感受画圆要定点、定长。

【设计意图】把借助生活中的材料想办法画圆这一环节放在课前进行，课堂上只是用视频呈现，既能让学生充分感知又能节省时间，提高课堂效率。让学生用圆规画圆并且留下画圆的痕迹，形成对圆的直观感受，这样更符合学生由感性认识过渡到理性认识的认知规律，为学生研究圆的特征打下基础。

（续表）

环节三：借助素材，总结概念（15分钟）	1.认识圆心、半径、直径 （1）认识圆心。 　　教师在黑板上画圆，引导学生观察。 　　谈话：这一点在圆的什么位置？叫什么？ 　　谈话：（板书：圆心、O）现在你能不能找到你自己画的圆的圆心？并用O表示出来。 　　谈话：如果我现在想在讲桌上、地面上画一个圆呢？ （2）认识半径。 　　谈话：折过的圆片上出现了许多折痕，这些又是什么呢？ 　　谈话：你们都知道半径、直径呀！哪儿是半径？谁能在老师这个圆上画出半径？（黑板画）只能画这一条吗？能再画一条吗？ 　　教师引导：可见，半径就是一端在（圆心），一端在（圆上）的（线段）。也就是说连接圆心和圆上的线段叫作半径。 （3）认识直径。 　　谈话：刚才还有同学提到了直径，你能在你的圆上面画出直径吗？请你画一画，并在小组内交流交流，符合什么条件的才是直径？圆有多少条直径？ 2.研究圆的特征。 　　谈话：刚才我们认识了圆的半径和直径，并且研究出了圆半径、直径都有（板书：无数条）。半径、直径还有什么特点？半径与直径又有怎样的关系呢？	预设：在圆的中心。叫圆心，用字母O表示。 　　学生发现有针眼儿的地方就是圆心。 　　学生感受：圆心可以确定圆的位置。 　　学生动手折叠圆形纸片，把圆对折再对折，交叉点就是圆心。 　　预设：半径、直径。（师板书） 　　交流讨论总结：半径的两个端点分别在圆心和圆上。分辨圆内、圆外。 　　学生通过交流感受：半径有无数条。 　　预设：通过圆心并且两端都在圆上的线段叫作直径。用字母d表示。圆有无数条直径。 　　学生小组活动、交流讨论发现：①圆有无数条半径，无数条直径。②同一个圆里，所有的半径都相等，所有的直径都相等。③同一个圆里，直径是半径的2倍，半径是直径的一半。	通过学生的自主探索、动手实践、积极合作，获得积极的、深层次的体验，体验知识的形成与发展。

（续表）

【设计意图】动手操作的过程，不仅能使学生学得生动活泼，而且对所学知识能理解得更深刻，记忆得更牢固。

环节四：补充数学文化,应用概念（10分钟）	1.找出下面圆的直径和半径 2.对口令游戏 半径6 cm，直径6 m，半径12 cm…… 3.补充数学史料（微视频） 《墨经》："圆，一中同长也。" 《周髀算经》："圆出于方，方出于矩。" 4.解决问题：车轮为什么是圆的？（微视频） 5.全面回顾，感受圆之美 谈话：学完这节课，你有哪些收获，能和大家分享一下吗？ 拉斯说："在一切平面图形中，圆是最美的。"下面就让我们一起领略圆的风采，感受圆之美。	发现：一条直径还可以看成两条半径。 半径与直径的关系应用。 不仅补充介绍数学文化知识，还引导学生理解其中的含义。 车轴相当于圆心，辐条相当于半径，每条半径到圆心的距离都一样，便于车子平稳前行。	找半径、直径和进行对口令练习，有利于加深学生对圆的特征的理解，巩固半径与直径的关系。 通过一节课的学习，最终解决问题：车轮为什么是圆的？

【设计意图】加入史料介绍，丰富学生的数学文化知识。回归开课的问题，培养学生用所学知识解决问题的能力。最后让学生欣赏生活中的圆，加深学生对圆的美的体验。

作业设计	必做：课后自主练习习题。 选做：绘制圆的特征思维导图。

（续表）

	圆的认识
板书设计	圆心——位置 无数条 半径——大小 同一个圆里，相等 直径 $d=2r$　$r=1/2d$

【设计意图】圆上标注圆心、半径、直径，帮助学生明确基本概念。右边简明扼要提炼出圆的特征以及各部分关系。

教后反思	整个教学过程，学生是在一种自主、自动的时间和空间中，通过自己的思考，完成学习活动、达到学习目标的。教师所起到的作用就是引导、点拨。一方面，通过拓展空间，将学生进一步置于探索者、发现者的角色，引导学生在认识完圆的一些基本概念后，自主展开对于圆的特征的发现，并在交流对话中完善相应的认知结构；另一方面，教师补充有关数学史料、车轮为什么是圆的微视频，让学生在课堂学习后，解决了开课的问题。搜集圆的美丽图片，充分放大圆所内含的文化特性，让学生感受圆之美。

（三）让"问题支架"助推思维导图的有效

　　思维导图在英语中叫"Mind Map"，由英国著名脑力开发权威东尼·博赞（Tony Buzan）在20世纪60年代发明并推广使用。作为一种思维工具，思维导图在多个领域得到广泛应用，并收到了良好的效果。博赞所倡导的思维导图最初是作为一种笔记方法为人们所认知，它便于认真整理和记录他人和自己的思考。他利用这一思维方式训练"学习障碍者"和"阅读能力丧失"的学生，取得了显著的效果。

　　思维导图是终极的组织性思维工具，而且使用起来非常简单。所有的思维导图都有一些共同之处，它们都使用颜色，都是从中心发散出来的自然结构，都使用线条、符号、词汇和图像，都遵循一套简单、基本、自然、易被大脑接受的规则。使用思维导图，可以把一长串枯燥的信息变成彩色的、容易记忆的、有高度组织性的图，它与我们大脑处理事物的自然方式相吻合。思维导图组织信息的方式是非线性的。

　　结构性知识也称理性知识，是指某一领域内各概念如何相互关联的知识。结构性知识将陈述性知识整合成有用的知识结构，描述了个体对不同内容领域概念的组织（知识结构）。就知识的表现来说，思维导图非常直观形象地表现了由事实、概念、命题以及原理构成的知识。

利用思维导图使隐性思维显性化，在这个过程中教师可以观察、感受到学生的知识基础、思维变化，教师通过及时搭建"问题支架"，使具有内在逻辑结构的教材与学生原有的认知结构产生联系，新旧知识相互渗透，新材料在学生头脑中获得新意义。当学生将新知识与旧知识正确联系在一起时，新知识即成为其已有知识网络中一个新联结点和知识生长点而整合到其认知结构中。认知科学证明，知识结构便于长时间记忆，知识结构的存在便于概括理解，有助于问题解决。而思维导图这一认知工具恰好与上述理论相符，它把知识高度浓缩，将各种概念及其关系进行加工、概括，并以类似于人脑对知识储备的层级结构形式进行排列；它注重学习者的知识建构，注重学习者理解科学概念的过程，强调从事物的关系中把握和拓展概念本身：它可以作为一种模板，帮助学习者组织、建构知识，并使之概括化、网络化，使学生学会学习，促进其陈述性知识向程序性知识转化，提高教学效果。在这里，思维导图作为一种元认知工具，超越了有关知识的分类，有利于将传统教学所导致的机械学习转变为有意义的学习建构。

（四）让"问题支架"助推思维导图的实施效果

1. 促进学生学科素养的提升

（1）提升学习兴趣。

学生在利用思维导图学习时，不但使用了文字，符号、逻辑等属于左脑的功能，同时也启动了图像，颜色、线条等右脑的功能。学生对这种直观、清晰、丰富、有强烈感官刺激的学习工具非常感兴趣。

（2）增强自学的能力。

在完成一张思维导图的过程中，需要学生认真、仔细地重复阅读课本中的内容。在主动思考之后，正确地提炼出里面的关键词进行表达。因此思维导图的使用，使学生从被动抄写、机械记忆式的学习方式变为主动学习，加深了学生对学习内容的理解和记忆。

（3）提高学习的效率。

思维导图在学习上的运用是非常广泛的，无论是课前预习、课中学习、课后复习、作业等都可以应用到思维导图。由于思维导图是一种放射性思考方法，除了增加资料的累积量外，更多的是将数据依据彼此间的关联性分层、分类管理，使资料的储存、管理及应用更加系统化，更具条理性，从而极大地提高了大脑运作的效率，可以大大提高学生的学习效率。

2. 促进了教师学科专业化发展

思维导图推进下的深度学习，对教师提出了更高的要求，教师由传递者转化为促进者，由管理者转化为引导者。最重要的是，教师要不断提升自己的专业素养，以此才能促进学生的深度学习。

表4　《角的初步认识》教学备课表设计

课题	《角的初步认识》	教材版本及位置		青岛版二年级上册第三单元
所属领域	空间与图形	课型	复习	单元课时 4-4
教学目标 重点：★ 难点：▲ 德育点：●	★▲（1）结合具体情景认识角，进一步了解角的各部分名称，能借助三角尺认识并区分直角、锐角和钝角，会比较角的大小，能用正确的方法画角。 （2）在借助思维导图认识角的过程中，发展观察和动手操作的能力。 ●（3）体会身边处处有数学，感受数学与生活的密切联系。使学生能较熟练地掌握运用。			
教材分析	角的初步认识这一教学内容是学生在已经初步认识长方形、正方形和三角形的基础上进行学习的。引导学生观察实物并逐步抽象出所学的几何图形，通过折一折、画一画，促进学生空间观念的发展，为以后进一步学习三角形、长方形和正方形等几何图形奠定了基础，起着承前启后的作用。			
学情分析	二年级的孩子年龄偏小、爱玩、好动、好奇心强，注意力持续的时间较短，注意力容易分散。思维导图图文并茂，又完全由学生自己发挥完成，更能激发学生的学习动机，体现学生的自主性。同时，绘制的过程也是数学思考的过程，通过绘制，学生获得了数学活动经验，甚至产生新的想法或问题。			

（续表）

课程资源	课前思维导图、课堂评测单。		
预习任务	1. 梳理本单元的知识点 2. 完成课前思维导图		
教学准备	多媒体课件、课前思维导图（进行了解批阅）、课堂评测单。		
教学方法	教法：启发式教学、生活化情境教学。 学法：自主、合作、探究的讨论式学习。		
教学环节	教师活动	学生活动	"问题支架"
环节一：创设情境，整理回顾（3分钟）	1. 谈话导入，激发兴趣 　谈话：同学们，你们知道吗？奶奶家的篱笆上藏着我们学过的好多数学知识呢，快一起来看看是哪些数学知识呀？ 2. 梳理信息，提出问题 　提问：你能根据图片中奶奶家的房子上呈现的数学信息，提出关于角的数学问题吗？	小组讨论，全班交流，回顾本单元的知识。	借助思维导图使分散的、零碎的知识形成知识链。
【设计意图】复习课伊始，教师通过播放课件展示该单元的信息图，引导学生仔细观察情境图，学生寻找数学信息，并通过教师的提示，把隐含的信息进行提取，把学生头脑中凌乱的知识进行梳理，促进学生对"角的初步认识"的知识进行简单回顾，使学生对和角有关的数学知识有一个初步的认识，激活学生已有的知识结构，为导图的绘制打下基础。			
环节二：梳理归网，主体内化（20分钟）	1. 知识梳理 　请同学们借助思维导图，小组合作，对角的知识进行归纳和梳理。 　出示要求： ① 利用思维导图填空版，初步回顾知识的脉络。② 小组内交流，查漏补缺。③ 启发互补，完善课前创作的思维导图。	活动一：说一说 　通过小组内交流、全班交流等多种方式，反复理清本单元的知识脉络，在倾听与评价中不断完善、补充思维导图。	采用生生互评、教师补充总结的方式进行课堂即时评价。在梳理中将知识由厚变薄。

（续表）

环节二：梳理归网，主体内化（20分钟）	2. 全班交流 展示各小组思维导图 （1）解决提出的问题。 　预设：解决我们提出的问题要先知道都有哪些角，知道角的分类。 　追问：那什么样的角是直角、锐角、钝角？ 　预设：像这样的角都是直角，我们也可以借助三角板，比直角小的是锐角，比直角大的是钝角。 　追问：奶奶家的篱笆上都有什么样的角？奶奶家的门、窗上都有什么样的角？ 　小结：角的分类有直角、锐角和钝角。三角板上最大的角是直角，比直角小的是锐角，比直角大的是钝角。 （2）解决实际问题。 　谈话：你会画一个角吗？怎样画？ 　预设：我代表我们小组向大家介绍角的画法，在画角的时候，我先画一个顶点，再从顶点向外画两条边。 　追问：在画角时要注意哪些问题？ 　预设：角的边是直直的，所以我们要用尺子来画。 　追问：是不是角的边越长，角就越大？ 　预设：角的大小和边的长短无关，和开口大小有关。	学生借助手中的三角板来判断直角、锐角、钝角。 学生展示如何画一个标准的角。	给学生提供自主探索的空间，巩固对角的特征的认识。

（续表）

环节二：梳理归网，主体内化（20分钟）	（3）找周围的角。 谈话：我们的生活中到处有角，你们能找一找生活中的角吗？它是一个什么样的角？学生举例找角，并说说想法。 （4）试一试。 A.在点子图上分别画一个锐角、直角和钝角。 学生在点子图上独立画角。小组交流：如何在点子图中画角。 注意提醒学生画上角符号。 B.判断：出示一组图片，判断它们是不是角，并说明原因。 	学生能找到书本上、红领巾上、黑板上的角。	从数学角度观察、分析、描述角的基本特征，发展学生数学思维。

【设计意图】回顾与整理是学生形成知识网络必不可少的环节，各环节的归纳、整理，都是以小组合作的形式进行的，小组内一个学生发言，其他人相互补充和提问。而后，由小组进行汇报，学生有序地交流梳理知识，教师有效地点拨和引领，不仅使学生重温"角的初步认识"这一单元中的相关知识，而且能够形成知识网络。在这一过程中，教师有意识地渗透整理复习的方法，使学生明确重点、难点之所在，并将知识进行横向和纵向的融会贯通，完善认知结构。

（续表）

环节三：综合应用，整体提高（12分钟）	通过刚才的复习，你有信心接受挑战吗？请在课上研究单上完成练习题。 （1）基本练习。 A. 右面的图形里有多少个钝角？锐角、直角呢？ 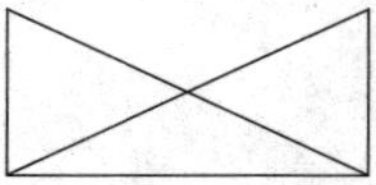 B. 共有多少个角？ C. 共有多少个三角形？怎样数不会重复也不会遗漏？ （2）综合练习。 数一数，图中各有多少个角？ 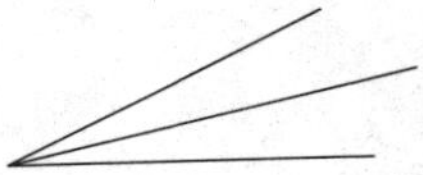 A. 学生独立完成，说说怎样数才能一个角也不少、一个角也不多。 B. 再加一条边呢？你发现了什么？ （3）开放性练习。 分别举例，说一说生活中的直角、锐角、钝角。	活动二：帮一帮 　　根据习题，自己在小组内说一说你是怎样数的？谁有不会重复也不会遗漏的好方法，互相学习一下。	根据学生数角的方法进行互评。

【设计意图】分层次的习题设计，既面向了全体，引导学生用整理、归纳的知识去发现问题、解决问题。同时，在开放性的练习中，要求学生分别举例，说一说生活中的锐角、直角、钝角，引导学生用数学的眼光观察世界，并从中发现数学问题，用数学的语言表达，用数学的思维思考。在这一过程中，学生体会到了数学知识与生活的紧密联系，进一步丰富了数学知识的认知结构。

（续表）

环节四：回顾反思，完成导图（5分钟）	1.回顾提炼 　　同学们利用思维导图对"角的初步认识"的知识进行整理复习，在生活中发现了角，从实物中抽象出角，通过摸一摸、说一说、画一画、找一找等活动，认识了角和直角，在应用中巩固了对角的认识。生活中处处都有角，随着学习的深入我们还会认识更多美丽又有趣的图形，大家期待吗？ 　　2.嵌入评价 　　"看哪组考虑得最全面？" 　　"看哪组把思维导图制作得最美？" 　　"看哪组的代表解说得最好？"	活动三：评一评 推举好的小组给全班讲一讲，完善思维导图。	以导图评价为指导，去伪存真，删繁就简，使评价具有导向性，引领各层次学生提高思维导图绘制的质量，提高他们对知识的理解程度，在培养学生发散性思维的同时，提升学生知识建构能力，增强了学习自信心。

【设计意图】利用思维导图对"角的初步认识"的知识进行复习，让学生对角的知识进行梳理、建构，学生在反思自己、回顾知识点和梳理知识体系的过程中，积累学习经验，完善思维导图，提升梳理知识的能力。在这一环节中，学生通过畅谈收获，反思和优化自己的思考过程。同时，教师对思维导图绘制方法予以指导，可以帮助学生借助导图形成更为完整的知识系统，为后续的基于思维导图的单元复习奠定基础。

作业设计	必做：用思维导图的形式对第二单元表内乘法的知识进行回顾整理。 　　选做：你会不遗漏不重复地数角了吗？请尝试总结出你数角的方法吧！

（续表）

板书设计		【设计意图】板书设计清晰明确。使分散的、零碎的知识形成知识链。在梳理中将知识由厚变薄。
教后反思	（1）总结知识，绘制导图。不管是数学思考还是数学活动经验，都离不开数学知识这一基础，提问学生，在本单元你觉得你学到了什么，教师进行引导，帮助学生寻找关键词，总结学生所说的知识点（板书在黑板上）。然后找到各知识点之间的联系，形成一个简单的思维导图作为示范，引导学生自主绘制一个呈现自己思维过程的导图，自主探索出主题与关键词之间的联系，掌握知识之间的联系，从而提高数学思维能力。 （2）练习巩固，丰富导图。复习课上，适量的练习是必要的，这样才能达到巩固知识的效果。同时，在练习的过程中也可以发现问题，查漏补缺，温故而知新。练习中学生或许会有新的思维和想法，从而进一步丰富导图内容。	

三、"问题支架"与深度学习

深度学习最重要的任务是"培养学生如何学习"，在日新月异、信息与知识与日俱增的时代，对于未来学生的发展而言，重要的不再是他们掌握了多少知识，而是他们能够利用所学的知识做些什么。

深度学习的过程能够让学生掌握课业内容、培养批判性思维以及发展解决复杂问题、合作和有效沟通的能力，成为拥有学术心态（academic mindset）的自主学习者。深度学习离不开解决问题，更需要解决复杂问题，所以"问题支架"的设置与消架是深度学习的必由之路。

（一）"问题支架"促进深度学习的实践尝试

当代教育理论提出发展学生的学科核心素养，并且以提高学生综合运用知识解决实际问题的能力为培养目标。那么如何提升学生的学科核心素养？我们认为深度学习是学生在学习中获得核心素养的有效途径。深度学习就是要求学习者在理解的基础上对知识进行批判性学习，能将新知识融入原有的认知结构中，建构自己的知识体系以便有效解决问题。它能更好地发展学生的高阶思维，提高学生解决实际问题的能力。

在教学实践和反思总结的基础上，我们初步提炼出学科深度学习的教学模式：创境质疑——整体感知——探究发现——多元联结——精练反馈——知识建构。该深度学习模式，以问题为导引，在解决问题的过程中，发展学生的高阶思维和综合能力，最终进行知识建构，激发学生产生新的问题。

创境质疑：问题是学习的"心脏"，知识的主动学习与创新能力的培养均源于问题。创设生活情境，提出学习问题，搭建教学支架，是课堂深度学习的基础。创设一个好的问题情境，搭建教学支架，可以形成激发学生的学习和创新欲望的"场"，有助于学生更深入地领会所学知识。这个问题情境的创设不应该仅仅限于问题本身的设计，还应当包括问题的引入方式、问题的利用方式、预计解决方式、连锁引发新问题的方式等。一般情况下，教师应在学生的最近发展区、认知冲突以及思维延伸处搭建"问题支架"，为学生的学习提供有力的支撑，促进学习者的有效学习。

整体感知：为整体建构知识，教师要在单元教学策略的指引下，基于维果茨基的"最近发展区"理论，为学生提供一种概念框架。在课堂教学中，教师应持续向学生提供学习过程中各个方向的提示，引导学生形成独立的知识体系。教师以提供教学支架策略作为指导，使学生逐步了解问题，然后找到问题的解决方案，自主学习知识，逐步引导学生实现从不会学习到会学习的转变，不断提高学生的学习能力。在概念框架的引领下，学生通过学习实践、操作、经历、体验，使深度学习得以推进。

探究发现：有效学习促进学生的思维发展。在教师协助下，学生通过自主学习以及与同伴之间的交流与合作，主动发现、分析和解决问题，在问题解决的过程中，不断地披沙拣金，形成新的认知，探究现象背后的规律，总结问题解决的方法和策略，最终形成对知识更深刻的理解。

多元联结：世界是一体的，将所学知识与文化联结、与生活联结、与自然联结、与其他学科联结，多方位、多层面、多角度地建立知识间的联结，有利于深化知识、启迪智慧、把握规律。

我们都知道，小学生的思维一般是以形象思维为主，教师需要在教学过程中，让学生通过教学活动，将形象思维逐渐过渡到抽象的逻辑思维。但其抽象的逻辑思维的形成一般以个体的经验与感知为基础，具有一定的具体形象性。因此，教师在设计"问题支架"时，需要关注学生的学习内容与个体现实世界的关系，运用生活中获得的一定知识和经验，开展相关知识的多元联结，从而促进学生提升高阶思维和解决问题的能力。

精练反馈：知识转化为技能，继而发展解决现实问题的能力，离不开课堂中的精练，更离不开课堂中的及时反馈。在课堂教学中教师结合学生的情况探究发现典型练习，设计"问题支架"，通过解决生活中的实际问题，促进学生学以致用。习题的设计应体现学生的个体差异，题目的难度要适中，遵循由易到难的规律，对不同的学生可以设置难度不一的习题，真正地做到因材施教；习题的设计要富有趣味性和创造性，以激励学生解决问题。教师可以根据学生的解答情况，判断其深度学习的效果。

教师应注意及时反馈和及时评价学生的学习成果。评估通常从三个方面进行，一是教师的评价，二是自我评价，三是小组成员之间的同伴评价。教学过程应注重提升学生的自主学习能力、协作能力和知识积累能力，课堂中强调师生互动和生生互动。在学生完成了现阶段的学习任务后，教师进行适当的评估和反馈，使学生了解自己学习过程中的优、缺点，调动学生的积极性和主动性，增加他们的信心。

知识建构：只有在结构中的知识才能够被迅速提取并得到有效应用。每节课都应当有一个知识建构的过程，不断丰富学生的认知结构。

针对不同的学科，在教学实践中，要综合运用各种类型的教学支架来帮助学生达成学习目标。教授的知识内容，对于学生而言，要经历联系、适应、同化等一系列阶段。其中，同化阶段尤为重要，学生初步学习的新内容，需要整合到已知的认知体系当中，并且这个过程会强化已有的思维和认知，逐步扩大原有的知识体系。

以小学数学"11~20各数的认识"为例，结合深度学习模式分析如下。

1. 创境质疑

播放"看海鸥来了"的教学视频，激发学生的学习兴趣，引导学生主动参与学习。随后出示情境图，并提问：看看这幅图，说说你都看到了什么？（沙滩上有很多海鸥、礁石上有很多海鸥、岸上有很多小朋友在喂海鸥。）然后追问：你能提出关于海鸥的数学问题吗？围绕"怎么才能知道沙滩上有多少只海鸥呢？"这个驱动问题，初步培养学生发现问题、提出问题的能力，针对学生提出的许多问题，教师有针对性地引导学生，明确研究目标。

这样搭建"问题支架"最主要的意义就是：

第一，唤起学生头脑中已有的知识，为下面的新知识与旧知识的联系进行铺垫，可以更好地进行知识的重组和转换。

第二，教师可以了解学生已获得知识的情况，掌握学生的最近发展区。

第三，关注特殊学生群体，根据他们的发展水平的需要，及时地对"问题支架"进行调整。

2. 整体感知

数（自然数）表明的是事物与事物之间的相互关系，是一个物体在一个序列中的位置以及一组物体中包含了多个物体。这种关系不是直接用语言来教的，而是需要学生通过多种感知、操作在活动中不断体验、发现、创造的。本节课给孩子们创造了多个体验活动，教师设置"问题支架"：我们可以通过数一数的方法解决沙滩上有多少只海鸥的问题？那么除了一个一个地数一数之外，有没有更好的方法呢？同学们可以试试看。怎么样能更快地看出有11只海鸥？

对"问题支架"进行设计，一方面教师鼓励学生动手，让学生参与到课堂中；另一方面，学生经过动手操作、自主探究，以此达到对本节课学习内容深度学习的目的。

① 数数环节，学生亲自动手画一画、圈一圈。② 把10根小棒捆成1捆，让学生都动手捆一捆，经历具体思维到抽象思维，感受10个一就是1个十。③ 在计数器上拨数，经历两次拨珠过程，第一次从一拨到11，第二次从11拨到20。通过这些体验环节，让孩子的思维得到更深刻的发展。

3. 探究发现

认识计数器。谈话：看，老师要变个魔法，老师把这一捆小棒用一个珠子来代替，落下来，把这一根小棒也用一个珠子来代替，落下来，你们能看懂吗？你们觉得这代表多少？说说你们的看法。（代表11，两个珠子的位置不同，一个落在个位上，一个落在十位上。）追问：为什么两个一模一样珠子，却可以表示11呢？看来这两个珠子代表的意思不一样，你们觉得有什么不一样？

在认识计数器时，抓住学生知识的生长点，通过"落珠子"建立起一捆小棒和十位、一根小棒和个位之间的联系，自然地引出珠子和数位构成了一个新的计数工具——计数器，使学生体会计数器产生的必要性，同时直观地认识数位，知道不同数位代表不同的计数单位。借助小棒、计数器的直观作用认识更多数字，巩固应用，发展数感。

教师依据学生已有知识水平搭建"问题支架"，其目的是让学生通过对比，发现问题并解决问题，在解决问题的过程中掌握本课的知识目标。

4. 多元联结

谈话：

同学们，我们身上有10吗？生活中，你们在哪里还见到10个一就是1个十的事例？

在课堂上注重将一个知识点从多个层面进行联结，与生活联结、与各学科知识联结等，既能温故知新，也能让学生活学活用、触类旁通。如，在感受"计数单位10"的时候，引领学生找一找身上的10。生活中10个一元可以换成1个十元，与数字10相关的成语"十全十美"等，凸显10的与众不同，渗透10个一是1个十。

5. 精练反馈

在练习中给数字排排队。要求学生先小组讨论，再上台来玩一玩。学生玩后，教师随即追问："你是怎样排的？"（从小排到大排、再从大排到小排。）又如课堂游戏——海鸥飞来了，使用海鸥数字卡玩游戏，巩固对11~20各数的认识。让全班同学参与，通过这些活动，及时反馈学习情况。

6. 知识建构

在本课最后，采用符合一年级学生特点的"苹果树"引领学生全面回顾梳理：以前我们认识了10以内的数，今天咱们认识了11～20各数，通过今天这节课的学习，你们都有哪些收获？通过孩子们的回答，进行梳理形成思维导图，通过这节课的学习，我们知道了它们的读法、写法，还知道了10个1就是1个10，知道了数的顺序、大小，还认识了新朋友计数器……帮助学生养成梳理知识的学习习惯，初步渗透思维导图的意识。

（二）"问题支架"促进深度学习的策略研究

深度学习离不开对知识的整体建构，只有对课程标准、学科教材有整体的把握，才能够恰当地设计核心问题，引发学生的自主探究、合作学习，发展学生的核心素养。在教学实践中，单元统整教学是促进深度学习的重要策略。单元统整教学即要在整体分析学习主题和确定目标的基础上，将单元学习内容进行分解或重组，对于重点体现单元目标的内容进行深度学习设计，而且在进行教学内容分析和设计时，全面分析学习内容，深入挖掘教材，使内容具有"整体化"和"体系化"的特征，将独立的知识连接起来，引导学生将知识以整合的、情景化的方式存储于记忆中，深入思考学习内容中所蕴含的学科思想，提升学科核心素养。

根据学习需要，调整内容呈现的顺序、形式，拓展和补充学习资源等途径，将教材呈现的内容设计成满足学生深度学习的素材。基于学生特质，为学生提供不同难易程度的学习资源和素材——既包括同质化、标准化的基础性内容，又包括具有发展性、挑战性的学习内容，以满足学生发展的需要。要重视学科教学中基础性知识和核心知识的教学，强调同类知识之间迁移性的学习和自主学习，处理好学科知识前后顺序的关系。

单元统整教学要有整体意识，单元目标要与每一课的目标有效融合。例如，对语文二年级中以"想象"为主题的单元开展教学时，应侧重于体现想象之美，引导学生展开想象，获得初步的情感体验。《古诗二首》中的想象能让人入情入境，《雾在哪里》中的想象充满童趣，《雪孩子》中的想象美好纯真。这一题材教学循序渐进，引领学生感受知识的联系性想象，同时体验想象之美。单元目标的编排最终实现以阅读促想象、以想象促表达、以表达来体验想象的乐趣和创造性价值的目标。

单元统整研究还要从单元整体目标出发，进行逐课分析。单元目标的设定要准确、具体、有可操作性、有明确的课堂指向性。如语文学科可结合单元目标，语文园地中的词语训练可分解到课文学习中，达到内容统整的目的。我们可以就课堂训练点关注想象类写话，培养学生的发散思维与创新思维，促进学生的个性化表达。教学指导要有目的性、针对性，充分结合课堂教学实际与教学目标的达成，使教学思路细化、明晰。

在单元统整的实践中要找到方法的统整，抓好知识的生长点和延伸点，进行教法和学法的改变；并且要紧抓教学目标，突出整合点。例如在数学教学"长方形和正方形的周长"这个单元时，可以分两个课时进行。第一课时是认识周长，第二课时是认识长方形和正方形的周长。这两节课的统整点是转化的方法和整合的意义。首先，整合"转化"的思想。两节课都涉及将生活问题转化为数学问题，第一节课老师引导学生学会将生活化的问题转化为数学问题；第二节课老师开始放手让孩子自己借助上节课已有的经验进行转化，找到数学问题，引入新知的探索研究。其次，整合"周长的意义"。第一节课"周长"一课，引导学生在指一指、描一描、画一画的操作活动中初步理解周长的意义，然后引导学生在观察、测量、交流的活动中体验应用周长的意义；第二节课"长方形和正方形的周长"一课，是在认识周长的基础上探究长方形和正方形的周长。先引导学生通过指一指、说一说长方形的周长，回顾周长的意义，引出算法；然后深入发现长方形周长就是它四条边长度的和，渗透转化思想；最后，两节课都通过思维导图的方式将知识和方法进行建构，体现了单元统整、化繁为简的教学效果。以单元统整为基础，我们提出了深度学习的"八重"策略。

1. 策略一：创境质疑，重情趣

问题情境设计就是教师出于教学目的的需要，依据一定的教学内容，通过问题所设计的符合学生最近发展区的教学情境。激发学生的学习动机，开展生动活泼的学习。创设问题情境，要突出情境的生活性、探究性、情感性和趣味性。创境质疑，重在创设情趣，核心在质疑，如何创设情趣是教学手段，如何质疑、释疑是教学目的。

以小学数学学科为例，小学数学课程标准提出了"四基四能十核"，关注学生发现和提出问题的能力、分析和解决问题的能力。结合儿童心理特点，采用故事、案例、游戏等形式，引导学生在有情有趣的情境中学习。儿童的问题往往来源于他们对情境中事物的好奇,当已有经验与情境产生冲突的时候,问题就产生了。

在布置操作性任务的时候,可以给孩子们提出以下问题:我看到了什么?我有什么发现?我最感兴趣、认为最值得研究的问题是什么?我提出这个问题的理由是什么?长期坚持下去的话,学生就会从敢问、想问,到会问、爱问。

例如在数学四年级"相遇问题"一课中,教师就安排两位学生小齐和小瑞现场演示情境。讲桌上摆放花篮,布置成小公园,小齐在小公园东侧,小瑞在小公园西侧,他们同时从家出发,经过4分钟在小公园相遇,小齐平均每分钟走65米,小瑞平均每分钟走75米。学生边演示,边说信息。借此情境,教师提出要求,"你能提出什么问题?"学生在动态情境下,相继提出了"小齐家离公园有多远?""小瑞家离公园有多远?""小齐家到小瑞家相距有多远?"等数学问题。学生在愉悦的学习氛围中,提出了简单问题和较复杂问题。对于简单问题,直接让学生来解决,正好唤起上节课速度×时间=路程的模型,同时基于此找准新问题的生长点,围绕解决较复杂数学问题的学习开启新课的研究。

2. 策略二:具身认知,重体验

"具身认知",顾名思义,就是说我们的心智活动与身体密切相关。这个观点背后的理论依据是,我们的大脑并不能清晰地区分生理和心理,管理生理的大脑区域通常也是管理心理的大脑区域,既然如此,我们就可以利用身体来影响甚至创造心智活动。

从认知科学的角度出发,儿童大脑的神经元树突和轴突的联结遵循着用进废退的原理,就某一个知识点,可以加强学生与世界、与社会、与自然、与生活的联结,形成广泛的联结有助于强化认识,学以致用。小学课堂上,我们经常采用的方式就是让孩子们动手拼一拼、摆一摆、画一画,用手比画比画,其实就是加强大脑中神经元的相互联结,让记忆与理解更加深入。在词语理解这个具体问题上,科学家发现,当人做出一些微小的动作时,比如活动腿脚、手指、头部或者舌头的时候,大脑负责移动身体的运动皮质就会被激活,当人们读到与腿、手臂、嘴有关的动作词汇,比如踢、捡起、舔时,前面那片负责运动的区域也会被激活。换句话说,控制"腿"的脑区，同时参与了对"踢"这个词的理解。

在小学数学教学中，教师解答一些经典问题，通常会采用"具身认知"的策略，例如前文所述的"相遇问题"，让孩子们通过模拟演示的形式，分析出相遇问题的模型"速度和×时间=总路程"和"路程1+路程2=总路程"。解答鸡兔同笼问题，教师创设一个鸡兔同笼的场景，通过"抬脚法"，在轻松愉悦的学习氛围中，借助学生身体动作来激发学生的感知体验，使学生充分感受身体参与学习的乐趣，并在活动中掌握解题的方法。

在小学语文教学中，学习词语、成语、课文乃至文言文等均可通过"具身认知"的方式予以深化。我校教师在执教《三顾茅庐》一课时，让学生组队编排了课本剧，并准备了道具，孩子们穿上了汉代的服装。扮演刘备的同学沉着稳重，扮演关羽和张飞的同学分别手持青龙偃月刀和丈八长矛的道具，扮演诸葛亮的同学羽扇纶巾，孩子们将课文的书面语变成了自己的口语，通过语言和动作的表演，将三顾茅庐的情节表演得淋漓尽致。

为促进学生的具身认知，我们还组织了校园里的"数学步道"活动以及发动全校学生在家里设置"家庭实验室"。校园里的一砖一瓦、一草一木，都蕴藏着丰富的数学内容，让孩子们在习以为常的事物中体验并发现数学信息，主动提出数学问题并想办法解决数学问题。"数独""巧解鲁班锁""数字魔卡""数据捉迷藏"等游戏内容都受到参与同学的好评，原来"数学"并不止存在于数学书里，它其实就在我们身边：你搜集过校园里的那些几何图形吗？你有办法知道校园里提示标贴的面积吗？你能测量出从北院小门到体育器材室的小白房有多长吗？通过设计这一系列的数学游戏和探索活动，把数学课堂从教室内转移到教室外，放手让学生自己去体验、探究，在实践中激发更深刻的思考，碰撞出思维的火花。

孩子们天生富有好奇心，喜欢探究与发现世界的奥秘，有了"家庭实验室"做支撑，孩子们就可以根据所学知识，自己在家选实验、做实验、展示实验成果，真正去体验科学实验的乐趣。学校还开设了"家庭实验室"的网络展示平台，孩子们的实验报告，经选拔推荐可以发布到学校的微信平台上，便于同学之间相互学习交流。

3. 策略三：追根溯源，重源起

追根溯源是指追溯事物发生的根源。世间万事万物都是在一定的文化和背景下产生的，我们如果能够在学习过程中了解所学知识的源起，就会更好地把握知识的本质以及明确知识未来的发展走向。

追根溯源的目的是为了深入把握知识，能够灵活运用所学知识解决学习和生活中的实际问题。小学阶段，教材在呈现相应的教学内容与思想方法时，一般会根据学生的年龄特征与知识积累，在遵循科学性的前提下，逐级递进、螺旋上升。螺旋上升是指在深度、广度等方面都要有实质性的变化，即体现出明显的阶段性要求。这就需要让孩子们能够在老师的引领下把握知识的源起，为后续学习奠定坚实基础。

追根溯源在教与学、错误原因分析与修正方面都具有重要的作用。各个学科在教学过程中都应当关注学科文化，而文化寻源无疑是深度学习的重要策略。就语文学习而言，在自身条件允许的情况下尽量读原著，少读改编，不必执迷于他人对原著的解读和注释。这样才会逐渐有自己的思考，有个体的深度体验，使由之而来的知识与感悟成为自身的一部分，以便更好地学以致用。

在小学语文教学中，对生字的追根溯源可以起于对甲骨文的学习，甲骨文在远古时代多是以象形文字、指示文字或会意文字的形式予以呈现。因为甲骨文中的象形文字占绝大多数，而且甲骨文揭示了汉字的源起，所以对于儿童而言，通过这样喜闻乐见的形式了解汉字的知识，有助于他们对知识的理解。

成语是汉语的精华之一，承载着丰富的文字意义和文化内涵，沿用已久，词性固定，大多由四字组成，一般都有出处或者来源典故，长期在书面和口头中使用传承。在小学阶段学习成语，最好的方法就是了解成语背后的典故，明确成语的源起，这样有助于孩子们对词语有深刻的认知。在课堂教学中教师可以设计"问题支架"：同学们，你们能说说在文章中这个成语表达的意思吗？那么你们知道这个成语背后的故事吗？你们知道这个成语的来历吗？

小学数学课堂中注重展现知识的发生、发展过程，努力体现知识寻源，这也是深度学习的基本策略。在数学教学中，应当寻找问题的本质，促进数学知识多样联系，掌握数学思想方法，体验数学的理性精神，通过追根溯源，触类旁通，去探究问题本质及蕴含的数学思想，以达到提高解题效率、提升解题能力的目的。

比如小朋友学习除法，一般先通过平均分来学习除法。那么除号是怎么来的呢？阿拉伯人曾经用现在的减号做除号。1631年，英国数学家奥特雷德用"："作为除号；1659年瑞士人拉恩把"－"与"："结合起来，就是现在常用的除号"÷"。

4. 策略四：深化理解，重联结

联结学习理论认为，学习的实质是联结。学习就是对联结进行重新组织。

脑科学的研究表明，人类的深度学习关键在于实现多元联结。人类的创造能力更多地源于多层次、多角度、跨领域的多元联结。我们常说的"读书破万卷，下笔如有神"，其实就是通过读书，不断地强化神经元的联结，使大脑中神经元的联结更加广泛与深入；而"不动笔墨不读书"也是为了更好地促进神经元的有效联结；"文章不厌百遍改"，其实写作的过程也是一个不断深化和丰富联结的过程，由于有这样一个反复斟酌和琢磨的过程，所以写作有时比读书能够更好地促进联结。

正是由于多元联结在促进深度学习方面发挥的重要作用，所以我们要在课堂教学中围绕学习重点加强多元联结。多元联结既可以体现多元智能理论，让孩子们就学习重点进行多元表达，也可以让学生围绕教学目标中的重点、学科的核心观念、思想与方法，引导孩子从整体出发，形成与生活、自然、其他学科以及与世界、文化的多元联结。教师在课堂教学中，可以设计围绕核心概念的"问题支架"，促进学生以整体性、联系性和结构化的视角进行知识的探究和理解，促进学生深化理解，实现知识的迁移与运用。

如小学语文教学，如果学生能经常思考"不同的地方和不同时间发生的故事，和我有什么关联？"这个问题，那么学生就可以更好地形成人文情怀，从而促使他们关注人类生存环境与人的发展的永恒主题。

部编本五年级上册语文《太阳》一课，围绕着太阳的"特征和作用"这个核心问题，让孩子们明确说明文的写作方法，再由教师布置练笔任务，由学生自主探究、分析完成小练笔，要求运用所学的方法从特征和作用两个方面介绍一样事物。

小学数学课堂中，以对"1000有多大"的探究为例。我们把认识1000作为认识大数的开始，引导儿童到现实生活中去找"数量"：数一数1000颗黄豆有多少，量一量1000厘米有多长，走一走1000米有多长，算一算1000元都能买什么……借助不同情境中"1000"所带来的不同感觉，丰富儿童对1000的认识，从而使他们对1000的认识是全面的、多元的、立体的，是有生命力的。

再如学完了对称现象，让孩子们找一找生活中的对称现象有哪些？和各学科进行多元联结，比如用动作表示对称现象，找一找图形和图案中发现的对称现象，车标、国旗、交通标志中的对称现象，汉字与字母中的对称现象，音乐旋律中的对称现象，脸谱、剪纸、雕塑等艺术作品中的对称现象，建筑中的对称现象等。让孩子们进一步明确生活中的对称现象无处不在。

5. 策略五：思维发展，重探究

深度学习倡导思维在探究中呈现，素养在活动中发展。

学生的思维发展离不开指向于学科思想和方法的核心问题。核心问题是真正聚焦于探究的，"最好的核心问题是设计来激发思考的，亦即它们本身的特性就是企图让心智活跃起来，一个问题若不能活化、提升或挑战我们的思想，它就不是核心问题"。思维发展需要学生不断地对问题进行质疑和验证，而不是寻求学生不需要深刻思考就能脱口而出的固定"答案"。核心问题的解决需要支持证据与正当理由，面对核心问题的探究学生都需要进行分析和思考，在分析和思考中不断发展自己的思维能力，而这种问题不是仅仅回答对不对、是不是就能解答的，需要学生寻找支撑证据和理由。

各学科的教学都应促进学生思维的发展，而思维发展离不开问题的探究。探究式学习的基本特征是：问题、假设、解释、评价、交流。它包括一个基础、两种学习习惯、三种学习策略。一个基础指学生要有一定的基础知识和基本技能；两种学习习惯指学生应具有独立思考的习惯和与同伴交流的习惯；三种学习策略指学生能在实践活动中发现问题，能想出解决问题的办法，在解决问题时能联想已有的经验。

在小学语文教学中，人民教育出版社六年级上册语文教科书第四单元课文《在柏林》中，教师设计探究问题："想想这篇小说是怎样表现战争灾难这一主题的"由此，学生在进行问题探究之时，站在全局性的视角，由"怎样表现主题"这个问题，可能会引发学生对小说的构成要素、小说情节、小说主要人物等与《在柏林》的小说主题联系起来，针对作者对小说的谋篇布局进行辩论和探讨。由此，引发新知和旧知的联系，对问题的探究延伸至今后自身的小说创作中。

在小学数学教学中，转化思想是数学的重要思想方法，教师在教学中设计问题串：平行四边形的面积计算公式是什么？它怎么推导出来的？引导学生复习转化的方法后，推出核心问题：请同学们尝试探究能否通过转化的方法计算三角形的面积？想一想转化的方法还可以推导出哪些图形的面积计算公式？

再如在教学"三角形边的关系"时，让孩子们从3厘米、3厘米、3厘米、4厘米、5厘米、6厘米、9厘米共7根小棒中选3根小棒摆一摆，也可以通过画一画、量一量等其他方法来试一试。

老师设计核心问题：哪些小棒能够围成一个三角形？哪些不能围成三角形？你能发现其中的原因吗？让学生在探究的过程中发展思维，总结发现三角形任意两条边的和大于第三边的规律。

这些核心问题的设计，关注学科的核心观念、学科的思想和方法，引导学生整体思考，全面观察，从全局的角度去把握学科知识，发展学科核心素养。

6. 策略六：学生互助，重合作

问题驱动下的合作学习是以问题情境为合作学习的出发点，以问题的解决为合作学习的归宿，以组内互助合作为问题解决的有效途径，其具体内涵为，教师先依据学生和学科知识的特点组建组内异质、组际同质的学科学习小组，而后选取适当的教学内容，根据学生已有的知识经验创设问题情境，学生在教师的指导和帮助下分工合作，寻求和探索问题解决的途径，以促进学生在认知、情感、能力等方面共同发展和全面提高的课堂教学模式。

创设问题驱动下的合作学习，鼓励学生分工合作共同解决学习中的新问题。倡导"兵教兵"的策略，采用学习小组、同伴互助等合作学习策略，提出合作要求，人人有分工，人人有任务，人人有机会，促进学生在个体差异基础上的自主发展。

面向全班同学的互助学习，教师也可以提出这样的问题："如果要考验其他组是否学会了本课的知识，可以向他们提出哪些问题？请简单写下小组提的问题，并试着组内先进行解答。"我们认为，在学生自主学习的基础上引导他们表达他们的思考、提出学习的问题，并且要求学生以考一考其他学生的角度去思考，就是引导学生学会如何思考的高级认知活动，这样能提升学生学习能力。

实践表明，学生"自提问题——自行回答"的小组交流，能提高小组内部的学习效益，能培养学生自主学习的意识与能力，有利于学生元认知的培养，使学生能够更加精确地掌握知识。

问题驱动下的合作学习，也可以给孩子搭设展示的舞台，围绕一个研究主题展示小组同学的理解与收获。五年级数学"因数和倍数"一课，老师引导学生：小组合作共同寻找12、18、24、25的因数是多少？共同完成探究2、3、4、5的倍数是多少？在交流与互动的过程中，学生随时调整和修正自己的认识；在探究与比较的过程中，培养学生的推理能力，提升学生的数学素养。又如综合实践课"超椅大赛"中，教师发布小组合作的任务，让学生合作完成一份椅子的设计图，其中包括确定需求人群、功能、完成设计和说明，在共同完成设计任务的过程中培养了学生互助、合作的意识和能力。

7. 策略七：精选练习，重反馈

课堂教学反馈，就是教师在教学过程中及时收集学情信息，并根据这些信息检视自己的教学效果，及时调整自己的教学进程。"课堂反馈实质是教师对学生的思维与行为进行有意且持续的关注，这是一种旨在促进学生的高阶思维、提升学生的深度学习能力以及实现师生高效互动的教师的课堂行为"。课堂中的反馈一般通过练习的形式，及时告知学生练习题的正误。

练习反馈不仅是对练习题对错的统计，更应当追寻学生出现错误的深层原因。课堂练习的反馈要关注学生的解题步骤，帮助他们理清思路，提升方法，充分发挥练习题的作用，促进学生举一反三。

精炼反馈，要选择有价值的练习。有价值的练习应当包括以下几类：一是指向学科本质的练习题；二是能引发学生思考的启发性的练习题；三是没有明确或固定答案的练习题；四是能让学生通过这一练习，把学习内容相互联系形成问题串的练习题。

精选练习还应该选择一些典型习题，这样可以让学生举一反三，另外可以选择一些便于归纳和分类整理的习题，以及能够让学生进行系统建构的习题。比如小学数学的平面图形的面积计算方法，其基本方法是数方格，看看这个平面图形有多少个面积单位；而平面图形的面积计算公式，则可以与图形的底和高建立紧密的联系。系统概括整理的知识，学生更加便于记忆，易于理解与吸收，易于提取和应用。

作业是强化练习的一种形式，根据孩子不同的基础和特点，作业的布置要进行分类，如必做和选做作业；作业的形式要多样，要有口头作业、书面作业和实践性作业，不能过于单一；作业的反馈要及时，建议有条件的可以采用面批的形式。

为增加学生自我设计作业的意识和能力，还可以安排学生自己设计作业。比如，在学生明确学习目标的基础上，让学生自己选择不会的字词或者易错的字词进行抄写，根据自己的情况确定抄写三遍或五遍不等。在小学数学教学中，让孩子自己模仿例题或者练习题编一道数学题作为作业进行解答，并且讲给同学听，这是一种激励孩子主动学习的有益尝试。

小学数学的一题多解、一题多变是训练学生思维的有效策略，孩子们只有对一道题能够进行适当的改编或变化，才能真正达成举一反三的目标，通过一道题掌握一类题。因此，改题、编题属于高阶思维训练，小学数学常见的改题方法，一是改变题目中的数字，二是已知条件和结果互相调换，三是增加或者减少已知条件，四是数形变换，五是数字改为字母。这样，可以起到"以一当十"的教学效果。同一道题，老师可以从分析、解法、检验等方面多提问，进行多问启思训练，培养学习思维的灵活性。

无论中小学校，精选练习、重反馈都是提质、减负的必由之路。典型练习的选取，可以让孩子举一反三。比较是一切思维的基础，深度学习提倡题组训练、比较练习和教师创设情境，应精心准备课件、教具或学具，尽量发挥其最大效益，减少浅尝辄止情况的出现。

例如在教学《分数的初步认识》时，可以充分展示一个圆形的 $\frac{3}{8}$ 的不同表示方法。学生说出阴影部分表示的分数，接着问问剩余的空白部分用什么分数表示。这种围绕一个问题形成问题串的练习方式，使学生能不断反思，深入思考，在连续的反馈中逐一达成教学目标。

初小衔接"爱上文言文"一课，教师通过《楚王好细腰》《杨氏之子》两则有意思的小古文，带领学生们明确结合注释、合理断句、结合语境、抓中心句、添加内容等文言文学习方法，另外再推荐一篇有趣的小古文《垛子助阵》，学生们运用所学方法，进行自主学习和理解。这种学以致用的练习方式有助于促进学生的深度学习。

要注意课堂教学效率的高低与教学反馈是否及时紧密相连。没有及时的反馈，教师难以把握学生学习的现状，更无法做到有的放矢，课堂教学的效益就会明显降低。

8. 策略八：知识系统，重建构

毋庸置疑，深度学习一定会指向于整体建构，整体的功能大于部分。万事万物是相互联通的，在信息交换的过程中协调共生。我们提倡和谐共处，其中含有人与自然、人与社会、人与他人、人与自我的和谐共生。

整体建构要求我们把一个事物放到它所处的整体中去，了解它在整体中的位置与生存状态，而不是孤立地看待一个事物。对于知识学习而言，我们不能仅仅盯着眼前所教授的知识，而要将所学的知识纳入它所在的知识体系中，明确它在知识大家族中所在的位置。皮亚杰所说的同化与顺应，都是将知识纳入新的知识体系的方法。

运用思维导图，提升了学生系统地提出问题和解决问题的能力，尤其是从总体上对问题解决的思维广度和深度都有了显著提高。

深度学习的课堂注重建构知识系统，下课前通过思维导图的形式整体回顾所学知识，并进行体系建构，促进学生整体把握相关知识，从而达到促进学生发展的目的。

板书要凸显课堂教学的重点，不要以课件代替，这有利于学生及时回顾与整理，建构知识间的联系。未来教学任务的达成考查的不是学生掌握了多少知识，更多的是考查学生掌握了多少学习方法、学生对知识的整体把握程度以及解决现实问题的能力。为此，知识的关联、建构、建模能力是未来学生应具备的基本能力。

（三）"问题支架"促进深度学习的评价探索

学校可自主研发一套科学、有效的评估检测追踪系统。该系统包括学生个体学习档案、多元智能测评系统、特需个性化培优系统，全方位调研学生个人情况，有助于教师制订切实有效的个性化学习方案。

深度学习的教学模式关注学生高阶思维的发展；问题导向，自主、合作、探究的学习方式，多元联结的学习策略促进学生对于所学知识的深化理解和生活应用；精练反馈与知识建构有利于学生整体把握知识体系并形成解决问题的能力。在推进教学模式的过程中，学校应努力实现教学评价方式多样化，注重过程性考核，坚持过程与结果并重的原则。以小学数学学科为例，具体在课堂教学中突出四个关注。

1. 关注课堂教学中的及时反馈

学生是学习的主体，知识的获取更多地通过学生的互动与辨析不断调整并修正，从而生成新的知识。在课堂结课前的三、五分钟时间，针对教师既定的教学目标，通过堂堂清的方式进行全员练习并及时反馈，了解课堂教学的真实效果。

2. 关注学生对数学知识的整体建构

师生在结课阶段回顾一节课的学习重点，形成有结构的知识体系。知识建构有利于学生形成知识体系，减轻学生的记忆负担，便于学生及时提取相关知识，有效解决数学问题。

3. 关注学生数学核心素养的培养

山东省小学数学教研员徐云鸿老师指出："小学数学核心素养是指学生在接受数学教育过程中，逐步形成的适应个人自身发展和社会需要的关键能力和数学品格。关键能力包括抽象、推理、建模、运算能力、数感、空间观念、数据分析观念，数学品格包括思维严谨、理性精神。"深度学习的教学模式必然要关注学生数学核心素养的培养，通过实施科学有效的教学步骤，促进学生数学关键能力和数学品格的不断提升。

4. 关注学生的质疑能力和问题解决能力的提升

把课堂还给学生，在课堂上给学生更多主动探究和互动合作的时间，让学生更加充分地表达，在学生发现问题、提出问题、分析问题、解决问题的过程中不断发展学生的数学思维，培养学生的数学核心素养。

（四）案例拾穗

基于学情的深度学习
——以综合实践学科课程"奇妙的椅子"为例

青岛宁夏路第二小学　管宏丽　朱玺婵

基于深度学习策略下的综合实践活动中设计制作的主题探究，设计了"奇妙的椅子"这一课题，引导学生进行创意设计，着力于让学生的自主学习行动活跃起来，让教师的启发式教育行为活跃起来，让课堂的形态与空间活跃起来，让围绕课堂的教学研行动活跃起来。

本课题的教学目标是让学生了解创意设计的几种方式，并通过设计独具个性的椅子，将想要表达的需求和特点以多种方式展现在椅子上，使内在思想外显于设计中。在此过程中通过深度学习提升学生对生活中个性化设计的敏感度，使学生学会欣赏个性化的设计，增强学生设计思维的表现力和创意。

学校在悦动课堂的教学方法上提出了要"怡情悦性"，即方法设计以"基于差异 深研策略"为导向，注重双边活动和学法指导。同时以实践为主，使学生完成"学—会""知—行"的转化。基于此，本课的教法方面首先是情境创设法，通过创设情境，使学生充分感知、体验，拓宽视野；其次是集体讨论法，通过同伴、师生之间的交流碰撞出思维的火花，产生创意；再次，则是直观演示法，通过视频、图片等教学资源高效达成教学目标，提高学生的学习效率。在学法上，则注重学生之间的合作交流和自主探究，引导学生积极清楚地传达信息，勇于表达思想和观点，并能与同伴进行有效的沟通。同时，引导学生在多样的活动中，发现和提出问题，理性分析，不断反思、改进，生成有效的设计方案。

（一）微课导入、追根溯源

老师展示手中的小椅子，激起学生的兴趣，引导学生先通过一段微课来了解椅子的发展史。

导入的设计基于学校悦动课堂教学策略中的追根溯源，重源起。课堂中教师注重展现知识的发生、发展过程，努力体现知识寻源，这也是深度学习的基本策略。通过微课让学生了解椅子的来源以及椅子在中国历史中的发展演变，通过对椅子来源和发展的了解激发学生对椅子设计的探究兴趣，同时这也是一种对中国古典文化的渗透学习。这样，德育的目标达成，帮助学生在每一堂课中建立属于我们的文化自信。

（二）关注需求、引发思考

老师和同学们一同观看一段视频，视频内容为针对不同场合、不同人群的需求设计的不同座椅。在观看后引导学生交流，总结出我们在设计椅子时的首要考虑因素为满足需求。之后老师创设情境，引导学生集体讨论：自己想为谁设计椅子？这个椅子具备哪些功能来满足需求？学生在讨论交流中明确自己的设计目标。

本环节的设计让学生明确可以根据需求给不同的人群或是不同的场合设计椅子，为后面小组设计的目标确定做好铺垫。

（三）彰显个性、创意设计

在学生拓展的基础之上，老师出示几种不同方式的个性化设计图片和视频，启发学生脑动大开，拓展思路。

本环节的设计不仅是让学生了解个性化的几种方式，同时拓展思维，通过各种图片和视频的直观视觉冲击，让学生思维活跃起来，从细节、颜色、造型到环保、多功能、高科技、文化元素等多方面考虑个性化的设计。悦动课堂中教师作为引导者，把课堂还给学生，在充分的启发之后，让学生真正成为课堂的主体。

课堂中学生们的设计作品让人惊艳，有基于对老师的关怀设计的既节省空间又具备多功能的椅子，也有基于对残疾人士的关爱设计的方便上下楼梯的电动座椅，还有为自己的弟弟妹妹设计的符合婴幼儿特点的可爱又可以陪伴的新型座椅等。学生们的设计不仅源于生活，贴近生活，还充分考虑了需求，在设计中也添加了个性化的元素。

本环节是一个充分给予学生空间和时间进行探究和表达的部分，通过生生之间的互动评价可以明确设计是否满足了需求，并凸显了个性化，能够使学生在听取互动评价中增强自信，同时对自己的作品产生反思并逐步完善。

（四）回顾梳理、拓展延伸

本堂课中，学生们由知到行，由学到会，最后还能够反思改进和拓展，落实了学校"动之学"的目标，即善于思考、勇于质疑，并大胆发表自己的看法。

思维导图
——整体建构语文知识

青岛宁夏路第二小学　刘　伟

（一）在语文课堂上运用思维导图帮助学生建构知识，梳理知识脉络

思维导图的绘制有利于学生实施自主学习、探究学习和合作学习，提高学生的自我学习能力。建构主义认为，自主学习实际上是元认知监控的学习，是学习者根据自己的学习能力、学习任务的要求，积极主动地调整自己的学习策略和努力程度的过程。小学生已经有了一定的认知和思维基础，在学生预习、学习或复习的过程中以小组合作的方式绘制思维导图，从一个点出发，覆盖整篇文章甚至是一个单元、一本书。在信息量和思维含量都很大的情况下，只有每个人都努力思考，全组通力合作，才能完成一个全面的思维导图。学生们在梳理知识脉络的过程中，逐渐提高了自身探究学习和自我学习的能力。

如在教学《谈礼貌》一课时，在复习迁移过程中，我们就可以借助思维导图建构说理文的结构特点：提出论点，举例论证，总结结论。进而合作完成本课的思维导图，梳理好本课的知识脉络，在交流探究中层层深入，感悟本课中所用事例的特点：层层递进、事例典型、以事说理。学生在展示交流后完成思维导图，这样学生不仅对本课知识有了清晰的认识，也能够建构起学生对说理文这一类课文的知识建构。

（二）在习作教学中进行思维导图的引用，帮助学生更好地做到读写结合，学会习作、写好习作，从而激发写作兴趣

在平日的语文教学中我们经常会采用读写结合的方式来帮助学生解决不会写的问题，通过思维导图的介入，我们发现思维导图为学生的读写搭建好了"梯子"，让学生可以更好地由读到写，为学生的习作提供了支架，激发了学生的习作热情。

如《庐山的云雾》一课中，各段运用了总分结构的方法以及紧紧围绕事物特点进行描写的方法。在《第八次》《我不是最弱小的》《我应该感到自豪才对》这些课文中有关于布鲁斯、萨沙、小骆驼的心情变化的描写，《燕子》一课中一连串动作的运用，还有很多课文中按照不同的方式进行记叙：有按时间的、有按地点的……在教学中我们要善于抓取这些习作训练点，引导学生学会这些习作的方法，并能够在自己的习作中运用这些方法。

从学到用说来简单，但对学生来讲并不容易，为此，我们在训练的同时，要利用思维导图的一些理念，为学生提供一些必要的思维支架、习作支架，这样就能将这些训练点更好地落实，让孩子在学习写作方法的同时也会收到意想不到的"额外收获"。

如在教学《庐山的云雾》时，我们运用了"总分结构导图"搭架，引导学生学习文中"紧扣特点，分层描写"的方法，进行了拓展练笔"神奇的海洋生物"。学生们在导图搭架下，运用总分结构，描写出了生动的海洋生物。学习了《第八次》《我不是最弱小的》《我应该感到自豪才对》等课文，我们运用了"心情折线图"来搭架，完成了《我拔牙故事》的习作，学生在习作中写出了掉牙时的感受和自己的心情变化。我们还根据《燕子》这篇课文中关于动作的描写，运用"动作流程图"来搭架，指导孩子们写好其他小动物的连续动作。在习作指导中，我们还可以利用时间轴、鱼骨图、气泡图等为习作训练点搭架，让学生更轻松地把内容写具体。

通过思维导图在习作中应用，可以感受到学生对习作的兴趣，学生的习作水平都有了较为明显的提高。

总之，将思维导图应用于小学语文教学当中，有利于学生将自己头脑中的思维的个性方式以独特的形式呈现出来，从而形成自己的特色。思维

导图着重培养学生的语文实践能力；注重读书、积累和感悟；注重整体把握和熏陶感染，这样可以拓宽语文学习和运用的领域；注重跨学科的学习和现代科技手段的运用，使学生在不同内容和方法的相互交叉、渗透和整合中开阔视野，提高学习效率，切实培养提升学生的语文素养。

学校的深度学习策略强调具身认知和知识建构，在小学数学教学中，图示法教学以其广泛的应用价值深得老师们的喜欢，无论是解决问题的策略，还是直观形象的讲解，都少不了图示教学的方法。我们的研究以图示法为着眼点，以运用图示法构建数学模型的策略研究为抓手，切实深入分析图示法的内涵，结合目前小学生的学习状况，探讨运用图示法构建数学模型的策略，激发学生的学习热情，使其学好数学模型，提高数学建模能力，发展核心素养。

1. 灵活运用多种类图示开展教学，激活学生数学思维

在小学数学教学中，教师要采用多种类型的、贴合教材知识内容和能力培养目标的图示法教学策略，引导学生常用、善用多种类的图示法来解决问题，帮助学生形成可视化思维，使学生形成运用图形直观解决问题的策略。

（1）善用示意图，形成直观数学模型。

示意图就是用简单的图画或者坐标等来表示某个事物的大小方向以及形状还有联系，简单明了地把重点表示出来。

例如：在逆推法解决问题的过程中，教师就引导学生借助示意图理解事物和数量的发展变化，渗透数形结合的思想，体会"逆推"在解决问题中的应用，感受到画示意图对解决问题的有效辅助作用。在今后遇到此种类型的题目时，学生就会主动画图感知，逐步形成解决问题的策略。

（2）巧用线段图，建构数据关联模型。

线段图是由几条线段组合在一起，表示数量之间的关系，帮助人们分析题意，从而解答问题的一种平面图形，是从抽象的文字到直观的再创造、再演示的过程。例如，利用线段图构建相遇问题的图形模型，用直观的学具磁条让小组合作贴一贴完成线段图，再用水彩笔在磁条上描画出相关信息和问题，多维突破线段图建立图形相遇模型的教学难点。运用线段图将已知条件直观呈现，形象直观地揭示了已知

与未知的内在联系，把数转化为形，使隐蔽的数量关系变得明朗化。

（3）妙用流程图，建构有序数学模型。

采用简单的事件描述，配合箭头和简单的数学符号，形象地展示出随着事件发展顺序而产生的数学量的相关变化，从而使复杂的题干变得简洁，容易理解，一眼就能通过框路图获得题目的中心思想，化繁为简，使其变得有序、简洁。例如，逆推法解决问题就利用了"框路图"，学生按事情发展的顺序把关键信息按照从开始到现在的变化进行整理，然后根据摘录的信息列式计算，讲清思路，并引导学生进行评价、质疑。采用图形直观的方式，成为学生理解事件发展规律、剖析问题真实内在从而解决问题的"拐杖"。

（4）适用韦恩图，构建数学关系模型。

韦恩图（Venn diagram），或称为Venn图、温氏图、文氏图、范氏图，是在所谓的集合论（或者类的理论）数学分支中，在不太严格的意义下用以表示集合（或类）的一种草图。它们用于展示不同事物群组（集合）之间的数学或逻辑联系，尤其适合用来表示集合（或）类之间的大致关系，也常常被用来帮助推导（或理解推导过程）关于集合运算（或类运算）的一些规律。

例如，在二年级下册"认识图形"一课中，理解长方形与正方形的关系是本课的一个难点，二者的包含关系对于二年级的学生来说比较难理解，利用韦恩图来建构图形之间的关系也比较抽象。因此在本环节，我们设计了猜猜信封中有什么图形的游戏，来帮助学生一步步感知这些四边形之间的关系，这样应用韦恩图就水到渠成。

（5）常用思维导图，建构数学整体模型。

思维导图不仅是一种数学思考方式，也是一种很好的教学方法。在教学中采用思维导图回顾总结，使零散的数学知识间联系清晰，具有条理性。这样，学生头脑中的知识就不再是零散的、无序的，而是一张有序的知识网络，更容易建立不同知识间的联系，统整感知知识之间的发展顺序，感受数学学习的系统性。

在教学中尝试帮助学生学习并应用、绘制思维导图，将思维导图这一认知工具应用在数学的学习中，促进学生进行有意义的学习，帮助学生整合新旧知识，构建知识网络，浓缩知识结构，从而使学生从整体上把握知识。

2. 阶段梳理，梯队提升

按照学生不同年龄段对数学的学习能力、思维特性、知识特点等，将学校实验班级分为低、中、高三个阶段。教师根据教材的特点，将教学的内容和学生实际有机结合，引导学生有效培养可视化思维，让学生自觉地运用图形直观解决问题，为学生借助图示法逐步形成并提升建模思想提供可能性。

（1）低年级以直观图、示意图为主，采用圈一圈、画一画等方法，梳理信息建构关系，形成模式。

例如在"分类列举法"这一课例中，学生一时很难有序解决，从而摸不着头脑，找不到解决问题的"钥匙"。因此在本环节中，我们借助"图示法"和多种其他直观方法相结合，让学生经历动手摆一摆、画一画、写一写、说一说的过程，将复杂的问题简单化，将无序的解答有序化，从而让学生逐步形成解决此类问题的数学模型。

（2）中年级以示意图、线段图等为主，表示信息和信息之间的关系，沟通算法，形成模型。

中年级是一个非常重要的阶段，学生数学抽象思维得到了一定的发展，逐步向逻辑思维过度，因此在掌握数学知识的同时一定要注重对数学思维的培养，养成良好的使用策略解决问题的习惯，图示法的使用和内化就显得尤其重要。

例如在"植树问题"这节课中，老师引导学生从实际生活问题出发，借助生活经验和情景的观察发现植树间隔数与棵数之间的联系，引导学生初步感受生活中的数学问题，并对"间隔"有初步的了解，为模型的建立做好准备。

通过摆小棒直观地呈现5棵、4棵、3棵这三个答案中树的实际摆放位置，引导学生明确植树问题的三种不同情况，初步感知数学模型的存在。通过核心问题"$20 \div 5$表示什么？"及进一步追问"为什么加1，什么情况要加1？""什么情况要减1？"引发深度思考。随着问题的不断深入，引导学生在此过程中理解棵数和间隔数的关系，抓住实质联系，对植树问题这一模型的理解走向深层次。

（3）高年级以韦恩图、结构图等多种方法为主，多种图示法并用，沟通知识之间的联系，形成模型并能拓展应用。

例如，在观察正方体、长方体的特征时，引导学生结合长方体和正方体模型进行观察、归纳，发现长方体和正方体有什么联系和区别，整理在表格里，自己试一试。然后再引导学生想一想长方体和正方体有什么关系，能用集合图表示吗？从而自觉地用韦恩图或结构图表示出数量关系。

3. 多环节凸显图示法，真实落地课堂

（1）在教学目标中融入图示教学策略，形成前提。

教师在教学开始之前的目标设定环节，就应当对本节课的知识有十足的把握，将"图示法"的教学方法体现在目标的设计中，并在教学过程中严格落实。

例如，在教学相遇问题时，引导学生能结合具体情境辨认相遇问题，说出相遇问题的基本特征，经历"感知模型——理解模型——建立模型——应用模型"的建模过程，增强模型思想，并能有根有据地解决相遇问题，提高应用能力。

先通过模拟演示和线段图等方法，直观理解相遇问题，再借助线段图和算式，小组合作分析出相遇问题的模型"速度和×时间=总路程"和"路程1+路程2=总路程"，发现模型本质，培养求真求实的理性精神，提高学生分析问题和解决问题的能力。用数学眼光观察日常生活中的相遇现象，体验数学与生活的密切联系，增强解决生活问题的意识。

（2）巧用图示描述问题，让复杂的知识简单化。

图示能够简化冗长的数学语言，清楚直观地描述数学问题，让复杂的知识简洁化。对有些比较复杂的纯文字数学问题，学生往往难以找到重点和关键部分，这就需要教师巧妙运用图示，让学生体会到用图示来分析和描述问题的好处。比如，花坛里有红花、黄花和紫花三种花，其中红花的朵数比黄花多 30 朵，黄花的朵数比紫花少 80 朵，紫花正好是红花的两倍，三种花各有多少朵？这道练习题当中的数量关系比较复杂，这时候可以利用图示，让学生观察三种花之间的具体关系，厘清思路，找出问题解决的方法。

　　教师借助图示将复杂的问题简单化，加强了学生对问题情境、数量信息及其关系的理解和把握，从而顺利找到问题解决的方法。由此可知，图示是一种重要的问题解决的帮手，当学生借助图示描述数学问题之后，就能够顺利完成对数学知识的动态建构，找到解题策略，从而促进数学知识的深层建构。

　　（3）在总结收获中利用图示法，构建知识网络。

　　在课程结束后的总结收获环节中，教师根据本节课所学的知识点，通过板书、课件等方式进行图示化展示，帮助学生构建知识网络。

　　例如，在教学相遇问题时，引导学生对着板书知识点进行梳理，再引导学生对学习方法进行回顾总结。这个回顾对学生来说可能比较困难，教师可以利用课件领着学生进行回顾。利用"感知模型——理解模型——建立模型——应用模型"，展现本节课的知识结构，方法过程，促进学生结构化思维的形成。最后，引导学生从情感进行总结、自我评价、反思提升。

　　4.创新拓展，沟通内化

　　（1）沟通不同类型图示法应用的联系，寻找其共同之处。

　　在概念教学中借助数形结合的思想方法，能丰富概念的流程，强化学习内容与生活的联系，让学生在现实的情境串中，经历知识与技能形成的过程，把解决问题与知识技能的学习融为一个过程，使应用意识的培养贯穿学生学习的全过程。

　　例如，在"百分数的意义"这节课中，在创设情境环节，使学生经历认知冲突，体会研究两数关系的必要性；分析素材，借助知识的内在联系，理解概念。在总结百分数的意义后，我们又从不同角度深刻理解了百分数的意义。首先，同学用课前搜集的"生活中的百分数"在四人小组中说意义，举例解释概念，再用画图的方式进一步深化百分数概念。通过展示学生的作品，多角度地理解百分数的意义。这样，既借助了学生已有的生活经验，对百分数的意义进行了具体情境下的理解，又利用"数形结合"的数学思想，通过画图的方式，让学生进一步深化了概念，丰富了概念教学的流程，培养了学生的模型思想和应用意识。在应用拓展环节，通过一组和青少年密切相关的关于近视的数据分析，巩固了概念，并且渗透了德育纲要中的用数学的思维方法去解决实际问题的良好习惯。

（2）沟通不同阶段图示法应用的联系，螺旋上升。

低年级段——依托图示法将抽象知识直观化。

低年级阶段的小学生，形象思维占主导，抽象思维能力还比较弱，对于有些问题存在理解不准确的现象，此时教师可以借助直观图形演示的方法将抽象的数学问题形象化，帮助学生清晰直观地发现数学本源，从而选择合适的方法解决问题。数学教学中的画图不仅包括画线段图、平面图形或简单的立体图形，还包括画示意图及其标注等。例如，在教学青岛版一年级上册"重叠问题"的时候，一年级小学生刚入学不久，抽象思维能力比较弱，但是重叠问题仅凭思考和想象又难以理解，此时使用画图的方法就能够有效地降低知识难度，将抽象问题具体直观化。因此，在本课教学中，运用摆一摆、画一画的方法，直观地理解题目中的数量关系尤为重要。由此可见，通过图形直观地呈现数学问题中的数量关系，能有效地帮助学生理解题意，找到数量关系，降低问题的难度。

中年级段——将复杂问题简单化。

对于一些涉及未知量较多的问题，小学生一时很难真正理解，无从下手。为了帮助学生厘清头绪，找到问题的解决方法，教师可以借助图示化教学法，将复杂的问题简单化。例如，在教学青岛版三年级上册"等量代换"一课中，"一张桌子的价格是椅子的2倍，买2套桌椅和一把椅子一共需要280元"这道题目的解法有很多种，对于高年级的学生来说，因为其中的未知量较多，运用方程解决是不错的方法。但对于抽象能力较弱的小学生来说，运用图示法效果最佳。教师需引导学生根据题意画出示意图，结合图形引导学生深入分析题目含义，运用"等量代换"的思想就可解决。课堂中，在使用常规教学手段教学的同时，恰当运用现代信息技术动态图像演示技术，利用媒体信息传播的丰富性、形象性和生动性，将比较抽象的知识用课件进行直观的显示，以其较强的刺激作用，可以帮助学生理解所学知识的本质属性。

高年级段——将枯燥内容生动化。

华罗庚曾指出，人们对数学产生枯燥无味的感受，其中原因之一就是数学学习脱离实际。计算教学是数学教学的重要组成部分，但其内容比较枯燥抽象，如果采用传统的文字讲解，学生不仅难以理解，且学习兴趣也难以提升。而如果采用图示化教学法，将枯燥的教学内容用直观的图形来呈现，就可以增强计算教学的生动性和趣味性，同时将数与形进行有效的联系、沟通，使学生从具体例子中理解"数形结合"的数学思想方法。例如，教学青岛版五年级下册"异分母分数加减法"时，在学生掌握了异分母分数加减法计算方法后，有这样一道趣味探索题目，在学生求出得数、找出规律后，教师利用图示化教学法引导学生理解"为什么最后的得数=1-最后一个加数"。即要求出这几个分数的和，就是求出图中阴影部分的面积，而阴影部分的面积=1-空白部分的面积，因此"这个算式的结果=1-最后一个加数"。整个转化过程让学生感受到，原来巧算的道理可以利用图形来探究，通过"数形结合"，学生知其然且知其所以然，探索的需求得到了满足，想象的兴趣也得到了维护。

（3）淡化表面、深析内涵，利用图示法感知数学模型。

巧用图式构建模型，让特殊的知识一般化。

数学知识具有很强的抽象性，教师要能够从学生的生活经验出发，将实际问题抽象成数学模型并加以解释和运用，带领学生从具体到抽象，再从特殊到一般，逐步厘清数学关系的内在关联性。这就需要教师运用数学图示，通过精准的自动化的形式，突出数学知识的系统性，梳理数学知识的逻辑顺序，让学生架起具体和抽象的桥梁，帮助学生系统掌握知识，促进学生更有效地展开数学思考。例如，在教学四年级上册"植树问题"时，要解决此类问题，就需要找到蕴含其中的规律，使之一般化。在这个过程中，运用画一画、摆一摆等手段理解植树问题中的"间隔数与棵数之间的关系"，直观形象地帮助学生建构模型。

学生通过画出图示，展开了数学思考，获得了探索数学规律的体验和感悟，让特殊的知识一般化，由此促进了数学知识的有效建构。

巧用图示探索问题，让单一的知识多元化。

图示能够将枯燥的信息高度组织在一起，让学生清晰地找到解题突破口，从而使单一的数学知识多元化，从解答一道习题转变为解答一类习题，促进学生对数学知识的有效建构。例如，要在一块长15米、宽12米的菜地里种青菜，平均每平方米收青菜16千克，这块地共收青菜多少千克？如果要种果树，每棵果树占地3平方米，这块地可以种多少棵果树？要让学生理解"每平方米青菜收16千克""每棵果树占地3平方米"是重难点。为此，我们让学生分小组讨论，自主思考。学生画出图示，这样学生不但能够找到问题解决的办法，而且能够顺利实现问题迁移，根据这个问题的类型，提出不同的问题，从而触类旁通，掌握从一个问题归纳出同一类问题的思维方法。图示促进了学生的信息加工，让学生通过对新信息进行加工，使之与自己已有的知识信息相关联，从而在新知识和原有知识之间架起了一座桥梁，使单一的知识多元化，从而有效实现知识迁移。

　　在实践过程中，我们发现在课堂教学中教师关注了"回忆观察型""调用联结型"和"加工推进型"问题的应用。但是我们也观察到教师在应用这三类问题时缺乏系统的思考，诸如问题与教学目标的关系、目标与活动的关系、目标与评价的关系等；教师缺少培养学生提问的策略，更缺席对"消架"的思考。为此，我们根据理论，依据实践提炼、建立了四类模型，旨在更好地推进学生思维能力的发展，推进学生自主建构的学习。同时，也推进教师的专业发展，益于研究成果更好地使用与推广。

建立模型

——理论转化为实践的媒介

一、创建了基于教师教学系统化设计的"风车模型"

以发现问题、提出问题、分析问题和解决问题能力为内核的自主建构学习，是学生适应未来社会发展的关键能力。在一系列实践探索中我们以问题为主轴，通过"引导问题化——问题目标化——目标操作化——操作能力化——能力可视化"的系统实施，整合了教学设计系统中的各要素，在"系统"的"气流"中，有序旋转，有效促进了教师教学设计的系统化，有效促成了"目标——教学——评价"的一致性，提升了学生自主建构学习的能力。

（一）引导问题化

心理学研究表明，问题的存在是思维的起点。问题是学生持续学习、持续理解的内驱力。当个体活动时感到自己需要问"为什么""是什么""怎么办"的时候，此时的思维才算真正发动，否则，思维就难以展开和深入。为此，我们基于梅耶的心理机制发生理论、基于威金斯理解评价的六个维度，主要围绕着"回忆观察型问题""调用联结型问题"和"加工型问题"三类问题，运用了"四启"策略，即启意——通过问题激发学生学习的意向；启疑——通过问题启发学生提出问题；启议—通过问题引发师生、生生思维交互的问题，让学习持续并且深入；启移——将认知内容建立联系，获得深层次的理解，进行提炼，形成个性化的知识结构，实现"理解意义"和"拓展迁移"。引导问题化就是通过问题引发学习、维持学习、促进学习和深化学习，让整个学习过程走向有效。

1. 启意——引发学生的学习

启意就是通过问题的创设激发学生的学习意向，引发学生学习的热情，这有利于学生参与学习过程。这就需要问题有趣味，即问题要考虑学生的年龄特点，能调动学生积极思考的兴趣。这个过程教师常常使用"回忆观察型""调用联结型"问题。

案例：我来编童话（统编语文三年级下册）

例如，在学习统编语文三年级下册"我来编童话"这一模块时，教师提出了这样的问题：在这学期的童话阅读周上，每个同学都读了好多的童话。你最喜欢哪一个？为什么喜欢它？问题唤起了学生的回忆，引发了学生的兴趣。

2. 启疑——维持学生的学习

这里的"启疑"有两重含义：第一层含义指当学生在学习过程中遇到困难、当学生百思不得其解的时候，教师设计适当的问题为学生搭建思考的桥梁，启发学生思考；第二层含义指在学习过程中教师不断地启发学生提出问题。

案例：《灰雀》（统编版语文三年级上册）

阅读学习《灰雀》一课时，学生对"列宁爱鸟"可以轻松地发现体悟，但对小男孩的"爱鸟行为"却有很大争论。在他们看来，小男孩把小鸟捉回家，不是一种爱鸟行为。面对这种情况，如何推进学生的理解？执教教师搭建了加工推进型问题"小男孩为什么要把灰雀带回家呢？"在追问的过程中让学生解决这一争议，并延伸到"爱一样东西，并不一定要拥有""爱，不能有伤害"等更高层次的认知上去。

体会"列宁对儿童成长的爱"是本课的另一个难点，教学中教师可以搭建这样的加工推进型"问题支架"：①"当列宁听到小男孩结结巴巴地说'没看见'的时候，你认为列宁心里会想什么？"②"大家猜猜列宁为什么不批评这个小男孩撒谎呢？"在"问题支架"的搭建中引领学生发现并体会这种爱。

学生回答老师的问题和自己提出问题是不一样的。当学生开始就学习内容提出自己的问题时，表明他开始参与意义建构中来。在深入理解的过程中教师也可以激发学生提出问题，培养学生质疑的能力。我们知道只有在学生深入学习的过程中才能提出有价值的问题。如何让学生提出有价值的问题？执教老师可以就"列宁看看男孩，又看看灰雀，微笑着说：'你好！灰雀，昨天你到哪儿去了？'"这一段文字让学生生疑提问。有的学生提出了"为什么列宁不对小男孩说？"这样的问题，有的学生提出了"列宁为什么微笑着说？"这样的问题，这些问题应该说提得都十分有价值，也有利于学生深入的理解课文。

在"启疑"环节，教师要根据教学目标，根据学生的现实的学习状态创建"问题支架"，达到"不愤不启，不悱不发"的状态；同时引发学生提出问题，这个过程我们经常用"调用联结型"和"推进加工型"问题。

3. 启议——促进学生的学习

"议"指的是议论，旨在通过搭建"问题支架"，让师生、生生之间发生交互，在交互中助推学生思维的进阶。我们知道人的认知是在与周围的环境相互作用的过程中逐步建立起相应的知识概念的。因而，在学习过程中我们的教师特别关注搭建引发师生、生生思维交互、观点碰撞的问题。让大家在议论纷纷、相互辩论中对信息进行加工，澄清模糊的概念，探索事物的性质、规律以及事物之间的内在联系，共同创建知识。

案例：《田忌赛马》（统编小学五年级语文下册第六单元）

导页的内容是：了解人物的思维过程，加深对课文内容的理解；根据情境编故事，把事情发展变化的过程写具体。根据单元导页的提示，培养学生勤于动脑、善于分析问题的好习惯，创境编写故事，应该是本单元的重要学习目标。

一位执教老师在引导学生完成"孙膑为什么要让田忌调换马的出场顺序？"这一问题的交流后，又提出了"齐威王如何反败为胜呢？"这样一个问题。讨论中有的学生说"齐威王的中等马要比田忌的上等马快"，有的说"课文中说了齐威王的马比田忌快不了多少"，有的说"我觉得可以制定比赛规则，如果只能上对上，中对中……"此问题引发了学生对规则的关注，学生在思考讨论中，不仅加深了对孙膑思维过程的了解，同时又通过对比赛规则的分析，找出解决问题的办法，培养了学生系统思考问题的意识，学生的思维能力得到了提升。

4. 启移——深化学生的学习

启移就是通过搭建"问题支架"将学生的知识技能有效应用到新的情境中，顺利实现迁移。学生能够理清知识的内在逻辑关系，建立意义联系，让知识结构化，实现拓展和迁移。

例如，在"百分数的认识"这一知识点学习中，数学特级老师黄爱华在基本讲完新课后，设计了一个数学活动：他让学生书写10个百分号，要求一个比一个写得好，并且尽可能地快。在学生书写的过程中，老师突然叫停笔，让学生默默地数一数，自己写了几个，随后老师搭建了这样的"问题支架"：① 你能告诉老师写了几个吗？② 你能用百分数来告诉老师完成的情况吗？学生顿觉有趣，积极思考后，有的学生回答已经写好的个数，但只完成了要写个数的30%；有的学生回答完成了任务的40%；有的学生回答还剩任务的60%没有完成；有的学生回答再写任务的10%就完成一半了。

接着黄老师继续追问："你们是如何想出这些百分数的呢？"同学们都说出自己的思考过程，如一个学生回答说："我写了4个，占任务10个的$\frac{4}{10}$，也就是40%。"教师充分肯定学生，学生获得了学习成功的满足。这个教学活动不仅让学生练习了写百分号，更重要的是将学生所学的知识用到了实践中，激发了学生的兴趣，开拓了学生的思维，为后续知识的教学做好了铺垫。

我们通过搭建"问题支架"，引发学生准确选择学习信息，经过信息的组织加工，让知识经验产生内在的联系，最后与已知的经验发生整合，形成结构化的知识经验的结构，并能在新的情境中解决问题，实现迁移。

（二）问题目标化

教师搭建"问题支架"的主要目的就是为了教学目标的达成。"问题支架"是为教学目标服务的，教学目标是需要在问题解决过程中实现的。学生问题解决的过程是学习者预设达成最终目标的移动的过程。实践探索中我们将教学目标的实施镶嵌在问题中，在问题的引导下，学生不断抵达学习目标。教学目标与问题的关系不是简单的一对一关系，有时可能是一对多，也可能是多对一。总之，"问题支架"要指向目标的实施。基于目标的实施，在"问题支架"搭建的过程中我们提炼了三个原则，即指向性、建构性、多维性。

1. 指向性

指向性即教师在设计问题时要指向学科素养，指向课程标准中的核心内容。在学科目标和课时目标制定的过程中，一定涉及学科素养，涉及学科的课程标准。例如，在语文核心素养中处于中心地位的是语言的建构与应用，这是语文学科的核心和本质。那么语文教学目标的设计一定要指向"语言的建构与运用"。"问题支架"的搭建必须有明确的指向性，教学目标只有准确清晰，问题的创设和问题解决过程才可能有效。

案例：缩写故事（统编语文五年级上册）

教学目标：

（1）学生借助材料对比学习，了解缩写的特点。

（2）在对话改写和连环画聚焦中，学会改写对话和概括长文章的方法策略。

（3）尝试运用学到的方法，缩写自己感兴趣的民间故事片段。

这三个目标的设计不言而喻，其实都是指向语文学科的核心素养的，"对比""概括"有利于学生思维的发展与提升，而这一切最终还是指向语文学科最本质最核心的素养"语言的建构与运用"。当教学目标确定后，我们的问题设计就必须与教学目标一致，问题的设计是为了教学目标的实施和达成。在教学实施的过程中，执教老师把教学目标的要求嵌在了问题中，设计搭建了这样的支架：

（1）请大家阅读《猎人海力布》的原文与缩写，在对比阅读中你能尝试说出缩写的特点吗？

（2）（再次出示例文与原文）读读小白蛇的两次对话，你会用上哪些策略进行改写？请同学们尝试应用。

（3）评价同伴缩写的《宝莲灯》和《阿拉丁神灯》的片段中用了哪些策略？你认为怎样？

第一个问题指向语言建构的策略，第二个问题指向策略的应用，第三个问题指向缩写的精准性。这三个问题都有利于学生的语言的建构和应用，指向的是学生核心素养的形成与提高。

教学目标指向的是学生在经历学习后发生的有效变化，通过学习建构结构化的知识经验。教师在搭建"问题支架"的过程中就要思考什么样的问题能引导学生进行有意义的建构，使教学目标达成。

2. 建构性

建构性指问题能引发学生对信息进行持续有效的组织加工，并在信息整合中实现"意义建构"。每个学习者都能以自己原有的经验系统为基础，对新的信息进行编码，建构自己的理解。这也是"学习者通过自己对来自环境刺激的信息进行内在的认知加工而获得能力的过程"。

案例：我来编童话（统编版语文三年级下册）

师：大家喜欢童话吗？在童话阅读周上每个同学都读了好多的童话。想想自己最喜欢哪一个？为什么喜欢它？

生：……

师：同学们喜欢童话的主要的原因是主人公善良、主人公勇敢……那么作者是怎样表现主人公特点的？

生：通过故事。

生：通过主人公说的、做的……

师：那么，让我们一起来仔细阅读这两篇童话，你发现两篇童话有什么相同点？有什么不同点？

教师出示《猴子种树》《陶罐与铁罐》两篇童话让学生阅读。

生：（略）

师：大家结合今天的学习，谁能再来说一说童话的特点？

生：（略）

本次习作的要求是根据书中给出的任务角色编写童话故事。学生要编写好童话，必须初步了解童话的特点。执教老师在学生已有经验的基础上搭建了"大家读过哪些童话？想想自己最喜欢哪一个？为什么喜欢它？"这样的"问题支架"，以唤起学生的已有经验。学生交流后，执教老师为学生提供了《猴子种树》《陶罐与铁罐》两篇童话让学生阅读，并搭建了"那么，让我们一起来仔细阅读这两篇童话，你们发现两篇童话有什么相同点？有什么不同点？"这样的"问题支架"，推进了学生的思考，引导学生发现体悟这两则童话运用了反复和对比的手法。最后教师通过问题

"大家结合今天的学习，再想一想童话有哪些特点？"帮助学生总结凝练自己的认识，形成对童话比较全面的认知，形成结构化知识网络。让学生按要求编写童话，让知识发生迁移。

案例："创造性复述"单元（统编语文五年级上册）

教材在五年级安排了民间故事主题单元，单元导页明确写着：民间故事，口耳相传的经典，老百姓智慧的结晶。了解课文内容，创造性地复述故事。依托民间故事，进行创造性复述的训练，是在学生原有复述能力的基础上，对整体感知文章内容和发展思维能力提出的更高要求。在完成这个任务的过程中，教师搭建了这样的"问题支架"：你知道哪些复述方法？请与大家分享一下。

问题唤起学生的已知经验，同时一起复习梳理二年级学过的借助图片等讲故事的方法，按照三年级详细复述和四年级简要复述的策略，在复习梳理中让学生形成关于复述的结构性知识，推进学生层次性、连续性的发展。

3. 多维性

多维性是指创设的问题要能引发不同层次和认知水平的学生进行学习，引发所有的学生参与学习，师生、生生产生多维互动，在多维互动中推动不同层次和认知水平的学生向更高的认知水平发展，让信息进行深度加工整合。

案例：《黄河的主人》（苏教版语文四年级下册）

师：孩子们，一千个读者就有一千个哈姆雷特。同一个事物，如果从不同角度思考，就会有不同的认识，你认为黄河的主人是谁呢？为什么？

生1：我认为黄河的主人是艄公，因为他凭着勇敢和智慧，战胜了惊涛骇浪。

生2：我也认为黄河的主人是艄公，因为它在波浪滔滔的黄河上，小心翼翼地撑着篙大胆地破浪前行。

师：除了艄公，黄河的主人还可以是谁？为什么呢？

生1：还可以是乘客，因为那些乘客坐在羊皮筏子上，谈笑风生，也很大胆。

生2：因为那些乘客敢尝试乘坐羊皮筏子，很勇敢。

师：谈笑风生是什么意思？

生3：边说边开心得笑，形容很轻松。

师：是呀，你们见过人们一般在什么时候谈笑风生呢？

生1：去野外郊游。

生2：参加聚会，逛街。

师：你们看乘客在什么时候谈笑风生呢？他们在黄河的怒吼声中、在黄河的惊涛骇浪中谈笑风生，其胆量真可谓惊人啊。可见，乘客也可以是黄河的主人。那么站在岸边的作者，能成为黄河的主人吗？

生4：不能，因为他在岸边看得提心吊胆。

生5：能，只要他也到黄河里去撑羊皮筏子，也去坐羊皮筏子就能。

师：我们同学讲得多好啊，生活中又有哪些人是生活的主人呢？

生1：篮球巨人姚明。

生6：用脚趾弹钢琴的大哥哥刘伟。

师：其实我们每个人，只要具有了艄公的勇敢和智慧、镇静和机敏，我们都可以成为生活中的主人。

在以上的教学中，教师的引导打开了不同认知水平学生的思维，在生生交互中，学生认识到黄河的主人不仅仅是艄公，他只是其中的一个缩影，还可以是乘客或者是作者等。学生进而还会联系到生活，谈谈哪些人是生活的主人。此时，就打开了学生的话匣子，只要具有艄公的勇敢和智慧、镇静和机敏，我们都可以成为生活中的主人。

（三）目标操作化

"目标操作化"需要考虑的是学生做什么才能抵达教学目标。我们知道教学目标是学生在学习中的变化或结果，学生的变化是以可观察的行为指标为标准，所以教学目标的表述要做到可操作、可测化。既然问题是为目标服务的，那么问题的搭建与表述也要指向操作化。那么如何让目标实现操作化？实践中我们认为要做到"三化"：教学目标必须具体化、校本化、可测化。（研究中我们给教师提供了"行为操作的动词卡"。）

1. 具体化

教学目标必须具体化。学科核心素养、课程标准和教学目标之间有一定的内在联系，但是他们之间也存着一定的物理距离。课程目标不能直接作为教师课堂所用的教学目标，因为课程标准只为教师的教学提供了宽泛的方向的框架。举例来说，课程标准中第一学段中对阅读目标的表述是"学习用普通话正确、流利、有感情地朗读课文"。第一学段包括一、二年级，一、二年级在读的过程中有什么区别？每个学段的每个学期的目标是什么？这都需要教师在课堂教学目标的设计中更加具体详细，需要有意识地对学段目标进行具体化，具体到每一节课的课堂教学目标。同时，我们主要引导教师用行为主体、行为动词、行为条件和表现程度的方式编制、叙写教学目标。

教学目标要有可操作性，那么搭建的"问题支架"也需要有可操作性，这有利于学生的任务活动的完成。例如"大家能正确地朗读第二自然段吗？"与"大家能不丢字、不添字、不重复地朗读第二自然段吗？"就有一定的差别。前一问要求大家正确朗读，但是"正确"是非常笼统的，不便于操作；而后一问要求的正确朗读却非常具体，正确的标准是"不丢字，不添字、不重复"，这就非常便于学生的操作。

2. 校本化

教学目标必须立足校本。目标的校本化就是教师编制的教学目标不仅基于国家的课程目标，还必须基于学校的实际、基于学生的基础，制订适合本班学生的教学目标。在专家的引领和指导下，我们尝试着对国家标准分解、拆分、扩充和调整，保障了课程标准在课堂层面的操作，也为问题表述的"操作化"奠定了基础。

例如，我们国家的《语文课程标准》关于"朗读"是这样描述的：能用普通话正确地朗读课文。在校本化的过程中我们进行了这样的调整和补充：不读错字、不丢字、不添字、不重复、不结巴、不拖腔、吐字清晰、语速及音量适中。在此基础上，我们通过多种方式了解学生，分析学情。如果班级的学生基础好，那么我们编制的目标就可以提高；如果班级学生基础比较弱，那么就要依据学生现有的水平编制。教学目标的制订是否得当，影响着"问题支架"的搭建。

3. 可测化

教学目标必须可测。教学目标要做到可测前提就必须要细化，就是将目标细化为可操作的行为，让目标清晰和可测。教师可以通过在目标中纳入一个表明所演示的习得性类型的动词，让学生清楚课堂中的操作任务和活动。因此在进行课堂教学目标设计时，我们认为教师要准确选用行为动词，让目标易于操作。研究中，我们给教师提供了"行为操作的动词卡"。

案例：圆的周长公式推导（青岛版数学六年级上册）

原教学目标：了解圆的周长与直径的比为定值，掌握圆的周长公式。

"了解""掌握"等词语是课程标准用语，是表述学段或者单元目标常用的行为动词，若将其用在一堂普通的数学课上，就显得模糊、不易操作、不易评价了。

修改后的目标：在探索圆的周长和直径关系的活动中，说出周长与直径的比值是固定值，能用圆的周长公式解决简单的实际问题。

"问题支架"：大家能用圆的周长公式计算出校园花坛的直径吗？

用"说出""能解决"这些可观测、可检测的行为动词，使学生明确了操作的任务和活动。这样描述的课堂教学目标可以更清楚地表述对学生的预期结果，也便于后面学习活动的设计和评价的设计。

（四）操作能力化

学生的能力是在操作实践、问题解决过程中形成的，离开了操作活动和具体实践，学生的能力就不可能得到发展。因此，我们要求教师设计搭建的"问题支架"一定要指向学生认知水平和操作水平的发展，通过"操作化"的问题，引发学生的活动，在活动中使能力得到提升，力求达到"问题嵌入的操作清楚"和"操作发展的能力清晰"。

"问题嵌入的操作清楚"就意味着教师出示的问题能让学生清楚地知道要做的是什么？要解决的是什么？"操作发展的能力清晰"就是指通过"操作"到底要发展学生的什么能力？教师在设计问题的时候是否清楚？

案例："精彩极了"和"糟糕透了"（统编小学语文五年级上册）

教师为了引导学生理解"精彩极了"与"糟糕透了"的真正的含义，搭建了这样的"问题支架"：大家能运用双泡图来比较父爱和母爱的异同吗？这个"问题支架"通过"运用"和"比较"两个动词，清楚地指出了学生的操作任务和活动。学生通过阅读文本揣摩，找出关键的词语，在比较中理解父母对于爱的不同的表达，而这个"操作"的过程指向就是发展学生的理解能力、概括能力、推理能力等。

（五）能力可视化

学生能力的发展是通过在活动过程中任务的完成来评测的，完成任务的标志可以是概括一段文字，复述一个故事，可以是制作一个图表或者是一个曲线图，也可以是反应概念之间关系的思维导图，也可以是创设问题解决的情境等。

案例：《太阳》（统编语文五年级上册）

教学目标：

（1）会认"摄""殖"等4个字，会写"抵""氏"等9个字。理解并掌握"寸草不生、步行"等词语。

（2）朗读课文。理解课文内容，了解与太阳的有关知识，初步认识人类与太阳的密切关系，激发学习自然科学的兴趣。

（3）了解作者说明事物的方法，初步学习阅读说明文的方法。

每个学生画的思维导图，都呈现了每个人对《太阳》这篇课文的理解、对课文内在结构的理解、对作者使用方法的理解。

教师还可以通过创设问题情境，让学生在问题解决中展示能力的发展与提升。例如前文列举的"百分数认识"的例子，学生通过情境活动的完成、问题的回答与就解决，诠释了对百分数的认识与理解，让能力可视化。

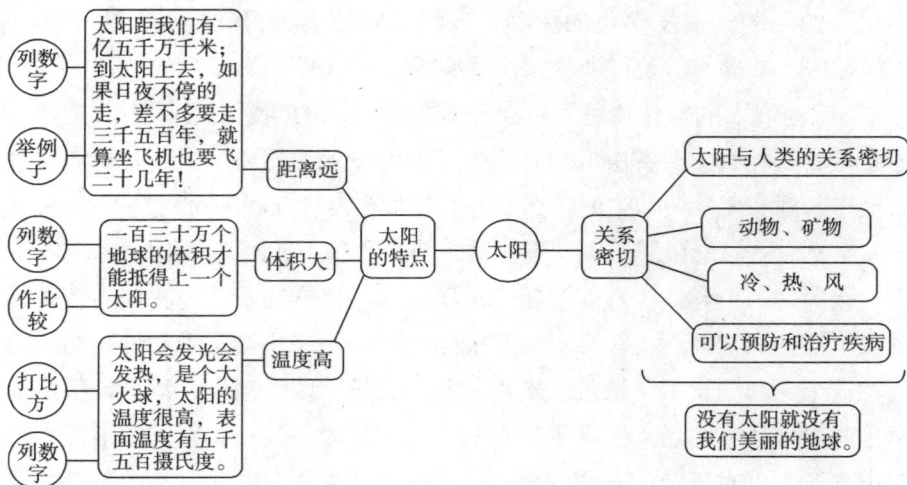

图2　《太阳》思维导图示例

二、构建了培养学生会提问的"螺旋模型"

我们研究"问题支架"的目的是为了帮助学生实现学习的自主建构，运用"问题支架"的最终的目的不是搭建支架，而是借助支架把管理学习者学习的任务逐渐由教师转移给学生自己，最后逐步地"消架"。

亚里士多德说过："思维从疑问和惊奇开始。" 问题是我们学习思维的重要工具，没有问题的学习是难以调动学生学习的积极性的，如果没有学生主动参与，"自主建构"是不可能实现的。学习是学习者自己的事，学习者自身疑惑或者提出问题是学习者参与学习的最重要的内驱力。"学生会问"或者是培养"有问题"的学生是推进学生自主建构的重要的环节。

学生发现问题和提出问题的能力需要长期学习，需要在不断地反复实践中形成，当然在学生学习、练习的过程中也需要有效的方法策略进行引导。为了更好地培养学生的质疑能力，实践中我们提炼出教师易于操作的"螺旋模型"。

"螺旋模型"是将学生质疑能力提升的过程分为逐步递进的三个阶段，即教师解构、师生同构、学生自构三个阶段。每一阶段的学习都是在前一阶段基础上的延展，又为下一阶段的学习打好基础，这是一种迂回的螺旋的提高。在小学阶段，教师解构和师生同构应该说占主要位置。

（一）教师解构

如何引导学生提出自己的真问题？如何引导学生提出与教学目标一致的学科问题？这是落实教学目标和推进意义建构的关键。我们知道基于学生的年龄特点，学生很难提出与教学目标一致的问题，但是我们可以逐步培养学生提出有价值的问题。在实践中我们首先从解构开始。

"解构"是对事物的结构和内容进行剖析。我们借用"解构"这个词把教材的课后要求或者问题作为例子进行解剖，在分析中引导学生尝试着模仿提问。在这一阶段主要是以教师示例和学生模仿为主。

1. 解剖课后要求，把要求转化为问题

案例：《我多想去看看》（统编语文一年级下册）

教材分析：《我多想去看看》以第一人称的口吻，讲述新疆的孩子想到遥远的北京去看天安门广场的升旗仪式，北京的孩子想去遥远的新疆看天山的雪莲，抒发了少年儿童向往了解外面世界的美好心愿。

教学目标：

（1）认识"想""告"等12个生字和足字旁这个偏旁；会写"会""走"等6个字。

（2）能正确朗读课文，积累短语，读好带有感叹号的句子。

（3）通过诵读和交流，体会"我"想去看看外面世界的强烈感情，激发学生对祖国山河的热爱之情。

课后要求：朗读课文，注意读好带感叹号的句子。

感叹号表达了作者强烈的爱国之情，注意读好带感叹号的句子，体会作者的感情是本课的教学目标，也是本课学习的重点。鉴于这样的认识，教师在培养学生提问的过程中，把课后的要求转化为这样的问题给学生示例：

（1）课文中感叹号出现了几次？请画出。

（2）想想怎样读好带有感叹号的句子？

根据课后的要求，围绕着教学目标提出两个问题，引导学生逐步意会教师的问题可以从哪里来，问题从课后的要求转化而来。学生在两个问题的解决中完成本节课的教学目标、完成课后的要求。

2. 解剖课后问题，发现提问"规律"

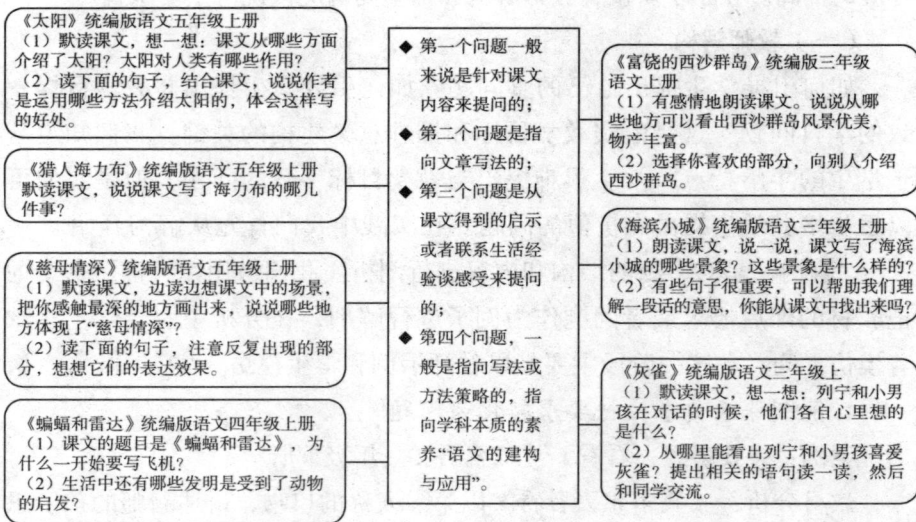

图3　提问"规律"示例

通过多篇课文课后问题的对比，让学生知道语文课文的课后作业要求：第一个问题一般来说是针对课文内容来提问的；第二个问题是指向文章的写法的；第三个问题是从课文得到的启示或者联系生活经验谈感受来提问的；第四个问题一般是指向写法或方法策略的，指向学科本质的素养"语言的建构与应用"。在解构中，学生们会逐步发现、把握这样的规律，并学会针对课文提出比较有价值的问题。

3.示例引发模仿学习

案例：我学会了吗？（青岛版小学数学三年级下册第三单元）

教师出示一幅草原牧场的综合情境图，辽阔的草原牧场包含了丰富的数学信息，重点让学生充分利用这一情境提出问题、解决问题。请同学们仔细观察这幅图，有21匹马，平均每匹马每天吃26千克草，羊的数量是马的15倍，根据这两条信息你能提出什么数学问题？

（1）依据情境中的信息进行提问。

教师示例：有多少只羊？这群马每天吃多少千克草？

学生提问：这群马一个月吃多少千克草？

（2）补充情境中的信息进行提问。

教师示例：补充每只羊平均每天吃草12千克，这群羊一天吃多少千克草？

学生提问：如果每3只羊平均每年产羊毛12千克，这群羊一年产多少羊毛？这些马和羊一天能吃多少千克草？这些羊比这些马一个月多吃多少千克草？

（3）根据信息学会提核心问题。

在补充信息提出问题的学习过程中，有的学生补充的是每只羊每天吃草8千克或者是5千克草等。我们不难看出，学生虽然补充了不少的信息，但是基于本信息窗来说却不是核心的问题。因为这个模块主要学的是两位数乘以两位数的乘法，这就需要教师的引导，让学生清楚本模块学习的内容是什么，同时进行示范提出"每只羊平均每天吃草12千克，这群羊一天吃多少千克草？"引导学生补充的信息一定是两位数，并随之提出核心问题。

我们的学科老师在"示例"过程中，也会总结提炼出学科的基本问题。例如语文学科的基本问题：文章写了什么？表达了什么观点？怎样写的？为什么这样写？这样写的好处？我同不同意作者的观点？如果我是作者或者是文中的人物我会怎样想？我会怎样做？对我有什么启示？这一系列的基本问题也恰恰体现了威金斯基于理解的六个维度的问题。再如数学学科概念学习的基本问题：概念的名称是什么？正例和反例有哪些？这个概念可以用在什么情境中？它可以解决哪些生活中的问题？等等。这些问题已经形成了学科学习的基本问题链，学生在长期的学习过程中慢慢养成了学科学习的思维习惯。

（二）师生同构

学生总是在自己提问和学习他人提问中成长。师生同构，同构的是有价值的问题，师生同构的过程主要是在教师解构示例的基础上，师生共同筛选、优化问题的过程。

由于学生的认知水平不一样，所以学生一定会提出不同类型的问题，同时提出的问题的价值也不尽相同。在日常的教育教学中，一节课的时间是有限的，学生就学习内容提出的所有问题是不可能在40分钟内全部解决的。那么为了实现教学目标，我们就需要根据教学目标筛选出与之相匹配的问题。当学生针对学习内容提出自己的问题后，我们会组织学生分小组进行分享，分享各自的问题，说说自己为什么提出这样的问题，然后再进行全班的师生交流。在交流中一同筛选出与目标相匹配的问题，以推动学生的学习。

案例：《慈母情深》（统编语文五年级上册）

学生提出的问题：

（1）"慈母情深"的"情"深在哪里？

（2）《青年近卫军》是描写战争的书吗？

（3）近卫军是战士吗？

（4）为什么说是慈母情深？

（5）那个时候的一元相当于现在多少钱？

（6）毛票是什么？

（7）为什么"我"那么想要《青年近卫军》那本书？

（8）为什么我要给母亲买水果罐头？

（9）为什么作者要写那个女人的话呢？

（10）旁边的那个女人有孩子吗？

（11）"我的母亲的眼睛……"后面为什么要加省略号？

（12）为什么那一天"我"才发现母亲是这么瘦小？难道之前没有发现？

……

学生基于自己的思考提出了自己的问题，但是课堂上不可能解决所有的问题。那么师生就需要一起讨论筛选，筛选出关键的问题。做好筛选的前提是引导学生对问题排序。因为我们知道，选择问题优先顺序的能力可能是最重要的却也是常常被忽视的技能，这是一项学生可以通过正规教育获得的技能。

在学生提出问题后，教师首先组织小组进行分享交流。在交流中引导学生依据学习目标，对问题进行排序，排出他们认为最重要的三个问题，然后说出排序的理由。随后，对照着学习目标进行全班交流，筛选出有利于推动目标落地的问题，而有些问题完全没必要在课堂解决。

在生生交互和师生交互中，学生不断向他人学习，逐步学会筛选并提出价值的问题。在这样的环境氛围中，学生提问问题的能力一定会得到增强。

仅对提出的问题进行筛选还不够，还需要对问题进行优化。优化即帮助学生修改、完善提出的问题，让学生提出的问题从封闭走向开放。在日常的教学中，我们向学生提供不同的问题启发词，如"为什么""什么""如何"，引导学生提出有价值的问题。

例如，上文提到的《慈母情深》一课，学生提出的问题（1）和（4）就可以合并优化，然后结合课后问题进行优化。围绕着"从哪些地方可以感受到'慈母情深'？"随之就解决了（9）（11）（12）等几个问题。"旁边的那个女人有孩子吗？"这个封闭的问题可以调整转化为"旁边那个女人会给自己的孩子钱买书吗？"以此逐步引导学生提出有价值的问题。

（三）学生自构

教师提出的问题是教师根据自己的经验预设提出的供大多数学生思考的问题，而"我的问题"则是"我"需要思考的起点，两者可能一致，也可能不一样。学生在学习过程中能独立提出问题是教师教学目标的追求。

学生通过模仿，通过师生、生生长时间的碰撞交流，通过"问题支架"工具的使用,通过学科基本问题框架长期的浸染和训练,通过班级文化环境的创建,渐渐地独立提出有价值的问题。

例如在学习《军神》一课时,学生提出了"军人和军神有什么不同"的问题;在学习《爬山虎的脚》一课时,学生提出了"课文既然是写爬山虎的脚为什么还要写叶子呢"这样的问题,这些问题的提出都显现出学生发现问题和提出问题的能力,学生已从不愿问、不善问走向了会问和深问。

为了培养学生的提问能力,在日常的教育教学工作中学校还开设了思维课,采用不同的方式培养学生的质疑能力。诸如"聚焦提问"即教师根据学生的能力水平,聚焦文本中的段落内容进行提问,然后进行头脑风暴,共同交流提出问题;"评价促问"即教师对学生的提问做出评价,帮助学生优化提出的问题;"工具引问"就是运用知识图表引发学生对新知识提出问题;"问题墙展问"就是在问题墙上展示学生们提出的问题,大家相互学习,激发学生提问的兴趣与参与。这一系列的方式提高了学生的质疑能力,推进学生核心素养落地。

正如美国学者詹姆士·加维勒克和塔夫·拉斐尔所说:"给学生一个问题来回答,他将学会刚刚阅读过的章节。教学生怎样提出问题,他将学会在未来的人生中如何学习。"

三、基于互联网技术的"循证学习"模型

世界在变,课堂应变。网络已成为这个时代生活、学习、工作的不可或缺的工具。我们的课堂,我们的学习必须借助信息技术的帮助,必须借助互联网的支持,改变教与学的方式,重构课堂生态,让孩子们拥有面对未来社会所必备的品格、关键能力以及正确的价值观。我们将皮亚杰建构主义认知论、维果茨基的"最近发展区"理论和梅耶的多媒体认知等理论进行融合创新,直指当下课堂中存在的问题,借助信息技术平台,开发了知识建构工具数课论坛,建构了"循证学习"模型。"循证学习"模型搭建了"我的问题""我的观点""我的依据""我的结论""我的反思",自我建构学习的支架。这个支架保存了学生学习全过程的思维链,保存了评估学习效果的证据链,让学生反思有依据,教师教学有证据。

我的问题 → 我的观点 → 我的例子 → 我的依据 → 我的理由 → 我的结论 → 我的新观点 → 我的总结 → 思维的成长

图4　"循证学习"模型

支架引导着学生不断发现问题、提出问题、表达观点、循证碰撞、修正认识、解决问题，不断借鉴和批判，不断学习和反思。它让学生的思维变得可记录，思维过程实现可视化，反馈学习更具可操作性，与线下的问题墙交互使用，有效增强了学生的思维，学生慢慢地学会了学习，帮助学生实现了学习的自主建构，为"消架"提供了有力支持。

例如，学生在科学课上学习"食物的旅行"这个单元的内容时，围绕着"打嗝"这一现象，学生在"我的问题"的支架中，提出了不同的问题。诸如"人为什么会打嗝？""动物会打嗝吗？""胃里有气才会打嗝吗？""打嗝是因为水喝多了吗？""为什么会连续打嗝？"学生提出问题后，教师引导学生或查找资料，或设计实验，或网上搜索，或请教专家，即通过不同的形式和途径来验证自己的观点，并在小组中表达自己的理解和观点。在选择性地倾听同伴的观点表达后，再次思考自己的观点。这一过程可以再一次引发学生对自己的思考进行修正，对自己的观点进行补充、整理，最后形成自己的观点并用文字发表在"知识论坛"中。学生可以学习和评价他人的观点，自己的观点也可以被他人质疑和评价，就这样在"观点"的持续改进中，学生的思维成长起来了。

四、基于迁移拓展的"消架"模型

叶圣陶老先生曾经说过："教是为了不教。"教师通过"教"让学生学会自主学习，学会自主地全面发展。教师在课堂上搭建"问题支架"的最终目的就是让学生学会发现问题、提出问题、分析问题、解决问题，让学生学会自主建构，提高学生的综合素养。我们必须清楚，任何支架在搭建之时都要考虑到如何去"消架"，考虑到如何让学生独立地行走。

"消架"学习模型是建立在"循证学习"模型之上的，它主要运用在主题学习、项目式习、小课题、跨学科学习中。通过学生在情境中提出问题，借助已有的经验和技能解决新的问题。在探索中，我们提炼了"提出问题——解决问题——形成成果——分享交流——修正完善——建构反思——提出新问"的螺旋升级的问题解决模型,联系了学生已有的知识结构,真正实现了学习的迁移拓展,在问题的解决过程中促进了学生的合作与交往,发展了学生的情感,让核心素养真正落地。

基于学生学习自主建构的"四个模型"具有共同的特点,都是基于问题的学习,指向的都是发展学生学习的自主建构能力、提高学生的核心素养。但是这四个模型又各有侧重,"风车模型"侧重于教师教学的设计与发展;"螺旋模型"侧重于学生发现问题、提出问题、分析问题、解决问题能力的培养;"循证学习"模型侧重于互联网平台的学生问题解决思维方式的培养,是一种半扶半放的学习方式;"消架模型"侧重于学生的独立实践。这四种模型虽然各有侧重,但是又相互联系,相互促进,这四个模型可以相互嵌入使用,通过嵌入、融合形成合力,推进教学目标的达成,推进师生的发展。从"搭架"到"消架",从引导学生由浅表学习到深度学习,让线上与线下的混合型学习成为可能,使学生发现问题和解决问题的能力得以持续提升,有力推动教与学方式的变革。

在"四种模型"的应用中,我们认为它很好地解决了当下课堂教学中存在的问题,推动了教师专业的发展,具体表现在以下几个方面。

(一)解决了"浅表学习"问题,走向了思维进阶

问题是思维的起点,而当下小学生在学习中大多缺乏问题意识,浅表学习正在削弱甚至正在剥夺学习者的思考力。我们通过模型的创建与实施,为学生搭建思维深度加工的支架,引导学生主动思考,学生从不愿问、不敢问、不会问,走向学着问、善于问、学会问,让思维水平进阶,从而实现由浅表性学习走向思维进阶的深度学习。

(二)解决了"碎片化"学习的问题,走向意义建构

通过"问题支架"创新性模型的创建与实施,引导学生在观察、探究、类比、比较、归纳、演绎、分析、概括等任务活动中,不仅找出新信息各部分之间的内部联系,而且形成新信息与原有知识的内在逻辑联系,找出新旧之间的异同,最后编码形成自己的知识体系,解决了碎片化的学习问题,走向了意义建构。

（三）解决了"学生机械学习"的问题，走向应用迁移

实践中发现，学生普遍缺乏解决实际问题的能力，机械学习往往造成知识不能学以致用。在以问题式学习为主的综合实践活动中，我们探索形成了"提出问题——解决问题——形成成果——分享交流——修正完善——建构反思——提出新问"的自主建构"消架"模型，引导学生在真实的情境中提出问题、解决问题，主动实现知识能力的应用迁移，让学习真正解决生活问题。

（四）解决了教学系统设计的问题，走向教、学、评的一致性

"问题支架"创新模型改变了教师只重视"如何教"的问题，关注了"用问题设计来组织课程内容"。而"问题支架"的设计要基于课程标准，基于教学目标，同时问题的设计还要有利于检测目标的达成。这就促使教师要系统地设计教学，走向教、学、评的一致性。